Axel Braig und Ulrich Renz
Die Kunst, weniger zu arbeiten

Axel Braig und Ulrich Renz

DIE KUNST, WENIGER ZU ARBEITEN

ARGON

Wir danken dem Piper Verlag für die freundliche Genehmigung des Abdruckes aus: Hannah Arendt, *Vita Activa*, München 1981.

Gesetzt aus der Bembo und GillSans
Satz: deutsch-türkischer fotosatz, Berlin
Druck und Bindung: Clausen & Bosse, Leck
Printed in Germany
ISBN 3–87024–541–7

Inhalt

Wie viel Arbeit braucht der Mensch?

Ein Vorwort

»Wir werden nicht sterben, dazu sind wir viel zu beschäftigt.«

Viviane Forrester

Über 80 Prozent der Deutschen sehen in der Arbeitslosigkeit weiterhin das größte politische Problem.[1] Ob *BILD*-Zeitung oder *FAZ*, ob Fernsehen oder Radio – überall geht es um Arbeitsplätze und die Frage, wie man Menschen wieder in Lohn und Brot bringen kann, wie man Stellen für sie schaffen oder sie jedenfalls irgendwie beschäftigen kann.

Das vorliegende Buch verfolgt ein anderes Ziel. Es geht um unser ganz persönliches Verhältnis zur Arbeit. Und hier begegnen wir zwar auch den mit Arbeitslosigkeit verbundenen Problemen. Allzu oft aber macht uns eine ganz andere Schwierigkeit zu schaffen: nämlich die, dass wir uns vor Arbeit gar nicht mehr retten können. Stress und Überarbeitung scheinen für viele Menschen zum modernen Leben zu gehören wie der Kühlschrank und der Fernsehapparat. Wir fühlen uns wie Sklaven, dabei schwingen wir häufig selbst die Peitsche. Wir selbst laden uns immer neue Lasten auf die Schultern und wünschen uns gleichzeitig sehnlichst, aus der Mühle herauszukommen.

Um dieses Leiden an der Arbeit geht es in diesem Buch. – Ein Leiden, das auch uns Autoren in unserem Berufsleben begleitet hat. Den einen in der Rolle des gestressten Arztes, den anderen in der des rastlosen Machers und Managers. Wir haben in diesen Rollen zwar üppige Gagen an Sozialprestige und Geld eingestrichen, aber eben auch die Erfahrung gemacht, dass das Leben in vielerlei Hinsicht ärmer wird, wenn wir 70 Stunden in der Woche arbeiten. Immer öfter hatten wir mit dem Gefühl zu tun, dass das Leben an uns vorbeiläuft – gerade wenn die Arbeit bestens läuft. Und zunehmend wurden wir unserer eigenen Manie bewusst, jede Stunde und Minute des Tages mit nutzbringenden Aktivitäten voll zu stopfen. Uns pausenlos zu beschäftigen, zu machen, zu tun und effizient zu sein, immer mit wichtiger Arbeit befasst, die ständig wichtiger ist als alles andere, was das Leben sonst zu bieten hat. So raste die Zeit in konzentrierter Bewusstlosigkeit dahin, während uns nach und nach die Weite des Lebens verloren ging.

Immer öfter gingen uns Fragen durch den Kopf. Haben wir uns unser Leben eigentlich so vorgestellt? Was haben beruflicher Erfolg und Erfolg im Leben – unser Lebensglück also – überhaupt miteinander zu tun? Warum gilt unser Fleiß vielen Mitmenschen als vorbildlich? Wie ist es überhaupt dazu gekommen, dass Arbeit für uns Menschen so wichtig geworden ist? Wie geht es weiter? Und vor allem: Was können wir für uns selber ändern? Kann ein Leben mit weniger Arbeit funktionieren? Wie viel Arbeit tut uns gut?

All diesen Fragen spürt dieses Buch nach. Es geht dem Verhältnis von Mensch und Arbeit auf den Grund, in der Geschichte, der Gesellschaft, der Politik – vor allem aber in uns Menschen selber.

Wir sprechen von unseren eigenen erträumten und durchlebten Karrieren und davon, wie irgendwann unser erfülltes Berufsleben uns unser eigenes Leben hat vermissen lassen. Nach diesem Blick hinter die Kulissen des Arbeitsheldentums nehmen wir uns eine Frage vor, die auf den ersten Blick simpel erscheint, es aber in sich hat: Was bindet den Menschen denn, abgesehen vom schlichten Broterwerb, an die Arbeit? Arbeiten wir, um unsere Bedürfnisse zu befriedigen, oder ist uns die Arbeit selbst ein Bedürfnis? Was macht die Erwerbsarbeit so attraktiv? So attraktiv sogar, dass der Profi zum Helden unserer Zeit geworden ist?

Einem Helden allerdings, der sich bei näherem Hinschauen als ziemlich tragische Figur entpuppt. Häufig ist seine Arbeit zum Lebensersatz geworden. Die Verheißung von Glückseligkeit durch Leistung und Erfolg, der er so willig folgt, erweist sich als Fata Morgana. Der Preis des Erfolgs ist nur allzu oft ein verpatztes Leben. Diese Schattenseiten der Arbeit werden in unserem kollektiven Bewusstsein gern verdrängt. Begriffe wie Karriere und Aufstieg strahlen weiterhin eine geradezu magische Kraft aus.

Dass Arbeit jedoch nicht zu allen Zeiten so hoch geschätzt wurde, zeigt uns ein Spaziergang durch die Geschichte, auf dem wir der »Tellerwäscher-Karriere«[2] der Arbeit nachgehen. Wir verfolgen ihren unaufhaltsamen

Aufstieg von einem notwendigen Übel, dem sich die jeweiligen Eliten über Jahrtausende nach Möglichkeit fern hielten, bis hin zum neuzeitlichen »Beruf«, der scheinbar unersetzlichen Sinnmitte des gesellschaftlichen und individuellen Lebens. Diese Verknüpfung von Beruf und Lebenssinn erweist sich gerade heute jedoch als schweres Erbe. Immer mehr Menschen stehen buchstäblich vor dem Nichts, weil ihre Arbeitskraft zunehmend weniger gebraucht wird. Und diese Entwicklung wird sich noch verschärfen. Denn was wir derzeit an Rationalisierungen erleben, ist nur die Spitze des Eisbergs – allerdings mitnichten als Ausdruck einer Krise, sondern im Gegenteil als Zeichen des gesunden Erfolgs unseres Wirtschaftssystems: Mit immer weniger Arbeit wird immer mehr Reichtum erwirtschaftet. Grund zum Jubeln? Solange Arbeit der Daseinszweck und Lebensinhalt der Menschen ist, ist dies eine Katastrophe.

Aber können wir das Wenigerwerden von Arbeit nicht auch als Chance begreifen? Die derzeitige Politik scheint weit davon entfernt zu sein. Eine heilige Allianz von Politikern jedweder Couleur, Arbeitgebern und Gewerkschaften versucht mit immer verzweifelteren Mitteln, die sterbende Arbeit am Leben zu erhalten. Milliarden werden für unrentable Arbeitsplätze und Arbeitsbeschaffungsmaßnahmen aller Art eingesetzt, die die Menschen zu schlecht bezahlter und stumpfsinniger Arbeit nötigen. Die Menschen sollen (und wollen) um jeden Preis in Stellung gebracht werden – und wenn dabei die Dienstbotengesellschaft des 19. Jahrhunderts aufersteht. Wir scheinen mehr Mühe und Intelligenz darauf zu verwenden, Arbeit zu schaffen, als darauf, uns ein weniger von Arbeit bestimmtes Leben zu ermöglichen …

Es ist allerdings nicht unser Anliegen, politische Lösungen feilzubieten. Nicht nur, weil sinnvolle Vorschläge zu einem Bündnis für weniger Arbeit von anderer Seite längst gemacht wurden, sondern vor allem aus der Überzeugung heraus, dass politische Veränderungen erst dann möglich sind, wenn sich die Einstellungen der Menschen geändert haben. Die verzweifelten Versuche, die Arbeitsgesellschaft zu retten, sind ja nicht etwa ein Fehler der Politik, sondern die konsequente Umsetzung des Wählerauftrages, in dem sich die ungebrochene Wertschätzung der Arbeit in unserer Gesellschaft ausdrückt.

Natürlich müssen wir alle von etwas leben. Wir wissen durchaus, dass es sich nicht alle Menschen leisten können, beruflich kürzer zu treten. Eine allein erziehende Mutter von drei Kindern hat in aller Regel keine andere Wahl als zu arbeiten, um finanziell durchzukommen. Aber der Arbeitswahn grassiert gerade unter den Wohlhabenden, die sich ein geruhsameres Leben am ehesten leisten könnten. Wie wir leben, hat nicht nur mit äußeren Zwängen zu tun, sondern viel mehr noch mit unseren Lebenseinstellungen, den Prioritäten, die wir setzen. Letztlich damit, wie wir leben *wollen*.

Obwohl der Arbeitswahn ja bisher meist eine männliche Erkrankung ist, richtet sich dieses Buch auch an Frauen. Wir wollen dabei jedoch ein Missverständnis erst gar nicht aufkommen lassen: Wenn wir die Ausbreitung des Arbeitswahns auf das weibliche Geschlecht kritisieren, möchten wir nicht die Emanzipation in Frage stellen. Wir wollen weder Mann noch Frau irgendwohin zurückschicken, auch nicht an den Herd. Aber unsere Zweifel, ob ein Platz auf einem Bürodrehstuhl tatsächlich die in ihn gesetzten Erwartungen von Glück und Selbstverwirklichung erfüllen kann, machen auch an den Geschlechtergrenzen nicht Halt.

Selbstverständlich wollen wir Arbeit nicht pauschal schlecht machen oder rationieren. Jeder muss sein eigenes Maß finden. Wer wollte etwas gegen die Besessenheit eines Jean François Champollion bei der Entzifferung der Hieroglyphen sagen? Gegen Mutter Teresa bei ihrer Arbeit in Kalkutta? Beruf kann Berufung sein, auch heute noch. Aber wer in seiner Arbeit seinen Lebenssinn gefunden hat, genießt ein sehr seltenes Glück. Und vermutlich wird er dieses Buch sowieso nicht lesen. – Den meisten unserer Leser wird es dagegen nicht anders gehen als den Autoren: Sie sind dabei, ihr Verhältnis zur Arbeit grundsätzlich zu überdenken. Sie wollen sich aufmachen, andere Welten zu entdecken. Welten, die nichts mit immer mehr Status, Kaufkraft und Einfluss zu tun haben, sondern mit den eigenen Vorstellungen von einem guten Leben. Wir möchten unsere Leser verführen und anstiften, sich auf diese Entdeckungsreise zu machen.

Eine, allerdings imaginäre, Reise werden auch wir zum Schluss des Buches unternehmen. Sie wird uns wegführen von der traurigen Figur des Profis, der sein Leben für die Arbeit geben muss, um sich einen Platz in der Gesellschaft zu sichern. An seiner Stelle begegnen wir längst vergessenen Gestalten, die auf ihre Anerkennung als gleichberechtigte Mitglieder der Gesellschaft warten: Privatiers, Dilettanten und Müßiggänger. Figuren, die eines gemeinsam haben: dass sie sich nicht in erster Linie als Berufsmenschen verstehen. Die das Leben nicht nur als Wirtschaftsveranstaltung auffassen, sondern als Raum, in dem sie ihre Träume und Utopien verwirklichen können. Die ihr Leben nicht nur nach Effizienz und Nutzen verplanen, sondern offen sind für die Überraschungen des Lebens.

Dieses Buch möchte Mut machen zu dem Abenteuer, für sich selbst die Karten neu zu mischen, die Grenzen neu abzustecken zwischen dem Reich der Notwendigkeit und dem Reich der Freiheit, des Spiels und der Spontaneität. Mut machen, ein neues Gleichgewicht zu entdecken, zwischen effektivem Tätigsein und der verlorenen Dimension – der Muße.

Tübingen und Lübeck, im Februar 2001

Die Autoren freuen sich über Ihre Reaktionen unter www.arbeitswahn.de

Kapitel 1

Aus dem Tagebuch eines Aussteigers

Der Manager

»Eigentlich bin ich ganz anders, nur komm ich so selten dazu.«

Ödön von Horvath

Der Manager

»In letzter Zeit habe ich immer öfter das Gefühl, dass dieses Leben nicht richtig ist. Dass es mir etwas antut, mich dazu zwingt, genau so zu werden, wie ich nie sein wollte. Es beschädigt mich, weil ich den Zugang zu mir selber verloren habe.

Wann habe ich zum letzten Mal Musik gemacht? Wann den letzten Brief geschrieben? Wann den Kindern Geschichten erzählt? Kann ich überhaupt noch anknüpfen an die früheren Zeiten? Kann ich noch herankommen an das Lebensgefühl von damals?«

Der Tagebucheintrag ist jetzt vier Jahre alt. Beim Durchstöbern der Seiten ist es mir so gegangen wie immer, wenn ich in alten Tagebüchern lese: Ich kann mich nur schwer auf das Vergangene einlassen. Es ist wie von einer Staubschicht bedeckt, unzugänglich, fast irreal. Ich muss mich erst einlesen, eindenken und einfühlen in die vergangene Zeit. Nun habe ich das Gefühl, dass die Distanz zusammenschmilzt, dass mir das Vergangene näher kommt, realer wird, mich packt. Ich habe das Bedürfnis, die Geschichte noch einmal aufzurollen, von Anfang an.

Alles begann unter einem Hochbett in unserer Studentenwohngemeinschaft: zwei Freunde, ein Computer, eine Idee. Und vor allem ein endloser Vorrat an Begeisterung, den auch unzählige schlaflose Nächte und zigtausend Computerabstürze nicht aufzehren können. Ein Jahr später steht das erste eigene Büro: ein Haufen junger Studenten und ein unentwirrbares kreatives Chaos aus Pizzaschachteln, Bierflaschen, Papierausdrucken, eine Mischung von Gerüchen aus Schweiß und dem Ozon der Laserdrucker, von den Ventilatoren der Computer aufgewärmt und durchgemixt. Was entsteht? Ein Buch – unser Buch!

Als der Abgabetermin näher rückt, ist die Herrschaft von Tag und Nacht über den menschlichen Biorhythmus vollends gebrochen. In der Dachkammer gehen jetzt auch Freundinnen und Freunde ein und aus und werden schon bald für das große Werk eingespannt: Illustrationen anfertigen, einkleben, Korrektur lesen, Kaffee kochen, Kuchen holen. Als die Stapel der Probeausdrucke und Korrekturfahnen bis auf Schreibtischhöhe angewachsen sind, sind wir fertig. Nachts um 3.30 Uhr ist das Paket gepackt und steht mitten auf dem freigeschaufelten Schreibtisch.

Wir trinken Champagner auf dem Dachgarten, während die ersten Vögel zwitschern. Die pausenlose Anstrengung von Tagen und Wochen fällt von mir ab. Das

Gefühl des Sieges, überschäumend wie der Champagner, umgibt mich. Wir umarmen uns und schauen dann still in die Morgendämmerung, erfüllt von dem stillen Triumph, es geschafft zu haben, etwas ganz Wahnsinniges vollbracht zu haben.

Was wir damals als Abschluss empfanden, stellt sich kurz darauf als Beginn einer Erfolgswoge heraus. Buch um Buch wird nun konzipiert, geschrieben, bearbeitet, gedruckt – mit einem Schwung, der ewig reichen könnte. Eine atemlose Zeit des Erfindens, Entwickelns, Expandierens beginnt. Atemlos, aber ohne das Gefühl, außer Atem zu sein. Strotzend vor Kraft und Optimismus, beseelt vom momentanen Ziel und dem nächsten und dem übernächsten. Daneben gibt es buchstäblich nichts. Was könnte wichtiger sein? Gut, ich erinnere mich an den süßen kleinen Paul, erinnere mich an seine Geburt, aber dann? Keine Erinnerung mehr an den Säugling. Ganz blass wirkt das Bild des Krabbelkindes. Bunt dagegen erscheinen in meinem Gedächtnis die vielen Umzüge in größere Büros, die offizielle Gründung unserer Firma, und noch einer anderen und dann noch einer. Die erste Visitenkarte mit dem *Geschäftsführer* drauf. Es herrscht permanente Aufbruchstimmung. Das ist das Leben. – Die Familie? Eine Belastung. Die Liebe? Reden wir nicht davon.

Wochen und Monate rauschen vorbei. Meine Arbeit gleicht einem endlosen Marathon: Eine Runde jagt die nächste. Die Garagenfirma ist längst erwachsen geworden und hat mit einem richtigen, altehrwürdigen Verlag fusioniert. Der Ikea-Schreibtisch von unter dem Hochbett ist jetzt in einer etwas großzügigeren Version das Zentrum einer Chefetage.

Bei der Betriebsversammlung anlässlich unseres Amtsantritts als neue Chefs informieren die ausscheidenden Patriarchen die überraschte Belegschaft darüber, dass jetzt wir Jungen das Ruder übernehmen. Bumm. Nach unseren Antrittsreden (Marke »Kontinuität im Wandel«) meldet sich der Betriebsrat zu Wort, nur um uns mitzuteilen, dass gerade die Mittagspause begonnen habe. Bumm. Zur Bestätigung geht die Pausenklingel los.

Das Aufeinanderprallen von Beamtentrott und Turnschuh-Elan ist nur eine der vielen Baustellen, die mich in Atem halten. Unfassbar für mich ist, ja geradezu empörend, dass Leute ihre 38 Stunden abarbeiten und dann einfach heimgehen. Wie kann man freitags um 13 Uhr gehen, wo man doch gerade jetzt einmal in Ruhe arbeiten könnte?

Es folgen Tage in Besprechungszimmern, Flugzeugen, Zügen, Nächte in Hotels, irgendwo. Ich haste von einem Termin zum nächsten, von Besprechung zu Besprechung. Manchmal weiß ich beim Aufwachen nicht gleich, wo ich bin. Aber es muss weitergehen, zum nächsten Termin, zur nächsten Sitzung. Nicht in einer Besprechung zu sein heißt, endlich Zeit zum Telefonieren zu haben. Erst Freitagabend, im Flieger nach Hause, kann ich zum ersten Mal durchatmen.

Die Widrigkeiten werden belohnt durch das großartige Gefühl, eine schwere und wichtige Aufgabe zu lösen: ein Unternehmen wieder auf die Beine zu bringen. Ich bin jetzt wer, auch in der Unternehmensgruppe, dem Konzern, zu dem unsere Firma nun gehört. Ich stelle einen gewissen, nicht unerheblichen Umsatz dar. Ich gehe zu Board Meetings und freue mich wie ein Schuljunge über ein Lob des großen Chefs. Ich bin jetzt Teil der richtigen, seriösen Welt, spreche die Sprache des Business und kenne die kleinen und größeren Tricks: wie man die Bilanzen liftet, wie man den Betriebsrat ausbootet. Ich spiele mit im großen Spiel und präsentiere mich entsprechend in Anzug und Designer-Krawatte.

Nach ein paar Monaten ist der Rausch verflogen. Zurück bleibt ein ganz normales, rastloses Managerdasein, das sich Tag für Tag am Zeitraster des Terminkalenders entlanghangelt, Seite um Seite. Ich habe das Gefühl, überall gleichzeitig sein zu müssen – immer am Rennen, immer unterwegs, nie da.

Die Begeisterung erlahmt. Unsere Buchhaltung wird immer perfekter, aber die Zahlen erdrücken jede Kreativität. Es gibt nur noch einen Blickwinkel: Kalkulationen, Kennziffern, Bilanzen. Für Experimente ist kein Platz mehr. Ist ein Buch schön geworden? Besonders? Attraktiv? Lesbar? Fragen, die so gut wie verschwunden sind. Unser Unternehmen ist groß und phantasielos geworden. Es gibt keine Spur mehr vom gemeinsamen Anpacken der Anfangszeit.

Schon lange habe ich nicht mehr das Gefühl gehabt, dass man an einem Strang zieht, an einer gemeinsamen Sache arbeitet. Jeder verfolgt sein Ding, kämpft um seine Etats, Budgets, Tantiemen. Überall treffe ich auf Machtspielchen, Intrigen, Hinterhalte. Keiner kann keinem vertrauen? *Kollege* ist das Wort für den Freund, der jederzeit bereit ist, dir in den Rücken zu fallen. Was zählt, ist Macht. Anstand ist allenfalls ein Mittel der Taktik.

Zunehmend stellt sich mir die Frage: Was tue ich da? Wozu das Ganze? Mehr Umsatz machen, im nächsten Jahr zwanzig Prozent mehr Gewinn erwirtschaften, das Konkurrenzprodukt abschießen, Marktführer werden – was ist der Sinn und Zweck davon? Was ist das Besondere unseres Unternehmens? Besonders gute Zahlen zu melden ... Das soll das Ziel sein, für das ich dieses Sklavenleben führe? Erbärmlich.

Ich weiß nicht mehr, wann ich zum ersten Mal gespürt habe, dass es nicht richtig ist, was ich mache. Das Gefühl, dass es nur ein Teil von mir ist und dass dieser Teil zu viel Platz einnimmt, ja sich immer weiter ausbreitet auf Kosten alles anderen. Und nicht nur in mir selber, sondern überall um mich herum. Die Rendite steigern, wachsen, aufkaufen, Märkte aufrollen, kontrollieren, internationalisieren, fusionieren, expandieren ... *Meine* Welt? – Es ist ein Wahnsinn, an dem ich mich da beteilige.

Solche kritischen Gedanken sind jedoch schnell vergessen angesichts drängenderer Aufgaben. Aber das Grundgefühl bleibt – dass ich das falsche Leben lebe. Etwas tue, was nicht zu mir passt.

Mir fehlt etwas. Ich ziehe das Leben durch, anstatt es zu leben. Was ich eigentlich will, schiebe ich auf.

Woraus besteht mein Leben? – Machen, tun, effizient sein … Und sonst?

In irgendeinem Buch stoße ich auf die Stelle: »Die Fahrgäste stiegen aus … Auf vielen Gesichtern war ein abgeschlagener Ausdruck: Leute, die nach Hause wollten, essen und schlafen, damit sie am nächsten Tag aufstehen und es wieder so weitertreiben konnten.« Mein Leben.

Es muss sich etwas ändern. Eines hat sich schon geändert: Nach einer langen Krise haben meine Frau und ich wieder zusammengefunden – und wollen diesmal für immer zusammenbleiben. Und noch mehr: Wir erwarten ein Kind, unser drittes Kind. Unbändig freue ich mich auf das Kleine. Alles wird wieder von vorne anfangen – und ist doch ganz neu. Dieses Kind will ich wirklich erleben, und was kann das anderes heißen, als mit ihm zu leben? Unser erstes Kind ist in meinem Leben so nebenhergelaufen, ich hatte mein Leben und es seines. Ein Vater war ich ihm allenfalls in den Urlauben. Und meine Tochter Mirjam habe ich zwar als Foto immer bei mir gehabt: helle Locken, rote Latzhose, ganz versunken in ihr Spiel mit den Klötzchen, aber an mehr als an dieses Bild kann ich mich aus dieser ganzen Zeit nicht erinnern.

Äußerlich geht mein Leben als Macher weiter, in seinem gewohnten Rhythmus von Besprechungen, Verhandlungen und Präsentationen. Aber innerlich wird die Last des Unverwirklichten immer größer. Ich spüre förmlich, wie die Sehnsüchte immer schwerer wiegen in diesem Frühling, in dem mich alles zum Aufbruch antreibt, in die Enge drängt und nicht mehr wegzuschieben ist, und noch mehr im Sommer, wenn mir die Jalousien an den Fenstern der Büros und Besprechungszimmer vorkommen wie Gitterstäbe.

Als der Hochsommer sich seinem Ende zuneigt, ist das Maß voll. Während eines Spaziergangs durch die Wiesen des Altweibersommers bin ich auf einmal von einem Gefühl der Ruhe erfüllt, wie ich es seit einer Ewigkeit nicht mehr kenne. Ich empfinde mit einer fast surrealen Klarheit, was mich die ganze lange Zeit umgetrieben hat: dass ich Dinge tue, an die ich im Grunde nicht glaube, ein Leben lebe, das unvereinbar ist mit dem, was ich wirklich will im Leben, dass alles, was mir wert und teuer ist, brachliegt und ich meine Lebensenergien auf etwas verwende, das es nicht wert ist. Mir kommt das Bild in den Kopf, dass ich in der Fremde lebe und es höchste Zeit ist zurückzugehen, zu mir selber.

Ich lege mich in die Wiese, rufe mit dem Handy meinen Kollegen an und sage ihm, dass ich nach der Geburt des Kindes aussteigen werde. Wir reden lange, er steht ohnehin im Stau, sein Termin hat schon vor einer halben Stunde angefangen. Ich glaube, er versteht mich und freut sich aufrichtig für mich.

Nach dem Telefonat bleibe ich noch in der Dämmerung auf der Wiese liegen. Nach mehr als elf Jahren habe ich den Absprung geschafft. Welches Gefühl ich dabei habe? Ein Gefühl, als ob eine riesige Landschaft vor mir läge, unendlich weit und offen.

Seit drei Jahren bin ich nun kein Geschäftsführer mehr. »Wie fühlt man sich so als Privatier?«, werde ich von Ex-Kollegen, Freunden und Bekannten immer wieder gefragt. Manchmal schwingt Mitleid mit, so etwas wie: »Dem wäre zu wünschen, dass er bald was Neues findet ...« Oft aber liegt Bewunderung in dieser Frage, eine Art von pausenloser Gratulation, vor allem von denen, die ständig klagen, wie überlastet sie sind, wovon es in meiner Bekanntschaft nicht wenige gibt. Für diese Menschen scheint es selbstredend zu sein, dass man einen Traum lebt, wenn man nicht jeden Tag zur Arbeit geht, dass man das freie Leben in vollen Zügen genießt, wie ein immerwährendes Fest.

Und tatsächlich hat alles wie ein Fest begonnen. Nach meinem Entschluss aufzuhören, bin ich erfüllt von unbändiger Vorfreude. Ich habe das Gefühl, dass mir die ganze Welt offen steht wie im Sommer nach dem Abitur.

Ich toure durch die Buchhandlungen und kaufe wie im Rausch die Bücher, die ich schon immer lesen wollte. Auf jedem Regalmeter eine Neu- oder Wiederentdeckung, und bald würde ich Zeit für sie alle haben. Die Geschichte des Mittelalters, Astronomie, Philosophie. Und Sprachen, Musik, Reisen. Die Welt liegt mir zu Füßen.

Nach dem letzten Arbeitstag mache ich erst einmal Urlaub mit der Familie. Die Farben und Gerüche des Südens umtanzen mich, Sonne und Salz auf der Haut, Hitze und Wind beim Fahrradfahren, wilde Schluchten und sanfte Buchten, Retsina im Abendlicht, die Kinder am Strand; später erzählen wir uns Geschichten vor dem Feuer. Es gibt keine Vergangenheit und keine Zukunft, nur das Hier und Jetzt, die ersten Sterne über dem Meer, das Grillengezirpe, der sanfte Atem des kleinen Menschleins neben mir.

Doch kaum zu Hause angekommen, folgt die harte Landung. Nach zwei Wochen ist der Bücherstapel noch immer unberührt. Die Gitarre in der Ecke ist von Staub bedeckt. Die Aufbruchstimmung ist futsch, der Traum zerstoben. Ich fühle mich wie ein Tiger im Käfig, bin unruhig und nervös, kann nichts mit mir anfangen, obwohl ich Zeit en masse hätte.

Ich sitze draußen im Café auf dem Marktplatz, die Sonne scheint mir ins Gesicht, ein perfekt schöner Tag. Vor mir handeln die geschäftigen Marktleute und Einkäufer, in der Breiten Straße flanieren die Touristen und Geschäftsleute nach Feierabend. Plötzlich habe ich eine Anwandlung von Neid: Die wissen, was sie tun. Ich hingegen habe keine richtige Aufgabe. Die Tage vergehen ohne Gesicht, ohne richtigen Anfang und ohne wirkliches Ende, lau und inhaltslos, die Wochenenden sind nicht anders als der Rest der Woche. So hatte ich mir das nicht vorgestellt.

Es hat den ganzen Sommer gedauert, bis ich zu mir gekommen bin. Die schwere Zeit der Adrenalin-Entwöhnung. Erst irgendwann im Herbst hatte ich wieder das beruhigende Gefühl, dass das Leben im Lot ist. Die Tage bekamen wieder eine Gestalt, das Leben wieder seinen Rhythmus. Das Gleichgewicht zwischen Leben und Arbeiten passt jetzt wieder.

Was das Arbeiten angeht, so hat es durchaus seinen Preis, so zu leben, wie ich es tue: Gemessen an meinen früheren Maßstäben, bleibt vom Tag nur ein bescheidener Teil für die Arbeit. Es kommt einfach mehr dazwischen: Anouk mit einem Buch, das jetzt unbedingt vorgelesen werden muss, ein Freund am Telefon oder ein Buch, das sich einfach nicht aus den Händen legen lässt. Ich bin verfügbarer – für andere, aber auch für mich selber. Früher hätte ich mir gar nicht ausmalen können, was ein Tag alles an Unvorhergesehenem bringen kann, wenn man nicht durch eine Bürotür von den Einbrüchen des Lebens abgeschirmt ist. Ich bin heute empfänglicher für die Stimmungen in der Luft. Kann, ja muss sie näher an mich heranlassen. Früher waren sie ausgesperrt durch Konzentration und Zielstrebigkeit. Jede Handlung ergab sich aus dem vorausgegangenen Zug. Nichts hatte Gültigkeit außer der Aufgabe, dem Programm, dem Ergebnis.

Was ist anders geworden in meinem Leben? Der Hauptunterschied zu früher ist der, dass ich nun ein eigenes Leben lebe und ziemlich oft das mache, was mich interessiert. Ich habe mehr im Blick und bin mir selbst näher. Ich fühle mich zugehöriger, stärker im Leben verwurzelt. Natürlich habe ich weniger Leute um mich herum, dafür aber mehr Freunde.

Ich weiß wieder, wie der Quintenzirkel läuft, und habe den Brockhaus tatsächlich in Gebrauch. Ich lese nicht nur das *Handelsblatt*, sondern leibhaftige Bücher. Ich kenne den Stundenplan der Kinder und weiß, dass der Sportlehrer »voll der Idiot« ist. Ich verstehe die Sprache meiner kleinen Tochter und kenne ihre Lieblingsbücher, kriege das tägliche Freud und Leid der ganzen Bande mit. Ich kann wieder Sprachen lernen, Musik machen. Und reisen, allein oder mit Familie, mit oder ohne Laptop.

Natürlich bin ich kein neuer Mensch. Es ist nicht immer das pralle Leben, die heile Welt, das häusliche Glück, die Spülmaschine ein- und auszuräumen bringt mich immer noch nicht richtig in Ekstase. – Es gibt sie noch, die Mühen der Ebene. Aber auch Momente, in denen die *Harmonia mundi* hörbar und spürbar ist.

Ab und zu fehlt mir der Stress. Die Adrenalinexzesse und das Gefühl, wenn man wieder runterkommt, wenn alles von einem abfällt. Auch das sehnsüchtige Heimkommen, das warme Gefühl, erwartet zu werden, vermisse ich.

Und manchmal meldet sich mein Jugendidol Albert Schweitzer zu Wort und mit ihm die Frage nach dem guten, dem richtigen Leben, nach der Verantwortung gegenüber meinen Mitmenschen.

Ob es mich je wieder gepackt hat? Es wundert mich selber, wie wenig ich als ›meines‹ empfinde, was mir einmal so wichtig war. Ich spüre den meilenweiten Abstand zu einer Welt, in der ich einmal zu Hause war. Der Weg, den ich mit so viel Begeisterung und unbegrenzter Energie verfolgt habe, erscheint mir als Sackgasse, heute mehr denn je. Welcher Verlag wen gekauft oder verkauft oder geleast oder verwurstet hat und was das gekostet hat und wer da die Hosen anhat – es ist mir schlichtweg egal. Seit Monaten bin ich nicht mehr auf die Websites der Branchenpresse gegangen.

Manchmal packt mich unvermittelt das Erstaunen darüber, wie ich dieses Leben überhaupt führen konnte.

Mein jetziges Leben passt zu mir. Wie lange noch? Ich weiß es nicht. Aber ich weiß, dass ich wieder offen dafür bin, mit neuer Kraft die Wege aufzunehmen, die ins Leben führen, ins Ungewisse.

Kapitel 2

Der Heiligenschein der Arbeit

Und was machen Sie? · Der Heiligenschein der Arbeit · Der Held unserer Zeit: Der Profi · Recht oder Pflicht zur Arbeit? · Von guten und von schlechten Arbeitslosen · Scham und Schande · Hauptsache Arbeit · Warum arbeitet der Mensch? · Arbeit als Auseinandersetzung mit der Welt · Erfolg macht sexy · Arbeit – ein Spiel? · Treibstoff Arbeit · Horror vacui – die Angst vor der Leere

»Für die Arbeit ist der Mensch auf der Welt, für die ernste Arbeit, die wo den ganzen Mann ausfüllt. Ob sie einen Sinn hat, ob sie schadet oder nützt, ob sie Vergnügen macht (»Arbeet soll Vajniejen machen, Ihnen piekt er wohl?«) – das ist alles ganz gleich. Es muss eine Arbeit sein. Und man muss morgens hingehen können. Sonst hat das Leben keinen Zweck.« Kurt Tucholsky

»Hierzulande muss man müssen, sonst darf man nicht.«
Franz Hessel

Wenn sich wildfremde Menschen treffen, etwa auf einer Stehparty oder am Beginn eines Festes, regiert erst einmal Unsicherheit. Man hält sich an seinem Glas fest, der wunderbaren Quelle von Sicherheit und Selbstvertrauen, man kommt sich etwas verloren vor, fängt Blicke und Gesprächsfetzen auf und sucht unauffällig eine geeignete Gelegenheit, um Anschluss zu finden. Irgendwann findet man sich dann in einem Grüppchen wieder, tauscht die üblichen Floskeln aus, macht sich bekannt, redet noch ein bisschen um den heißen Brei herum. Nach spätestens zwei Minuten geht es dann zur Sache. So sicher wie das Amen in der Kirche fällt die Frage: »Und was machen Sie?«

Und was machen Sie?

Die Frage nach dem Beruf ist die Frage nach dem sozialen Status unseres Gegenübers. Mit ihr haben wir im Handumdrehen das Wichtigste abgeklärt: wie attraktiv der andere ist, welchen Rang er im gesellschaftlichen Theater einnimmt:

»Was machen Sie?«

»Sachbearbeiter auf dem Finanzamt.«

(Aha, nicht gerade spannend, aber immerhin ... reicht für den zweiten Rang hinten.)

Der Nächste: »Verlegerische Geschäftsführerin in einem Belletristikverlag.«

(Wow, muss ja eine interessante Frau sein und verdient sicher ein Schweinegeld ... eine Kandidatin für die Parkettplätze.)

Und dann: »Ich bin zurzeit nur Hausfrau.«

(Was? Hausfrau? Die findet sich ja wohl selbst nicht besonders spannend, so wie sie sich gleich mit dem »Zurzeit nur« entschuldigt. Worüber soll man sich jetzt unterhalten? ... klarer Fall für den dritten Rang.)

Und dann der: »Ich bin arbeitslos.«

(Betretenes Schweigen. Jetzt ist sozialpädagogisches Fingerspitzengefühl gefordert ...)

Natürlich hat jede Party ihre eigenen Helden. Bei einer Jubiläumsfeier von *Börse Online* gelten andere Kriterien als auf einer Künstlergala. Aber überall ist der Beruf der große Platzanweiser. Wir sind, was wir tun. Unsere Stelle weist uns unsere gesellschaftliche Stellung zu.

Erwerbsarbeit ist der Dreh- und Angelpunkt unseres gesellschaftlichen und individuellen Lebens. Der Soziologe Ralf Dahrendorf teilt die Biographie des Menschen in vier Kästchen ein: Ausbildung, Arbeit, Freizeit und Ruhestand. Man wird ausgebildet *für* die Arbeit, in der Freizeit ist man frei *von* der Arbeit, der wohlverdiente Ruhestand ist die Zeit *nach* der Arbeit. Dass sich das zentrale Arbeits-Kästchen in den letzten Jahrzehnten, rein zeitlich gesehen, zu Gunsten der anderen Bereiche stark verkleinert hat, ändert nichts an seiner Bedeutung als Gravitationszentrum des Lebens. Arbeit ist der Kitt, der alles zusammenhält. Sie ist der Grund, weshalb uns der Wecker aus dem Schlaf klingelt, weshalb wir morgens und dann wieder abends im Stau stehen, weshalb der Abend zum Feierabend wird, das Wochenende Wochenende ist und der Urlaub Urlaub.

Der Heiligenschein der Arbeit

»Ohne Arbeit gibt es kein sinnerfülltes Leben; ebenso wenig gibt es in der modernen Wirtschaftsgesellschaft ein sinnerfülltes Leben ohne Erwerbstätigkeit.«[1] Aussagen wie diese gehören zum Standardrepertoire von Politikern jedweder Couleur. Mit viel Pathos wird der Wert der Arbeit beschworen und ihr unverzichtbarer Beitrag zur Selbstverwirklichung und Selbstachtung des Menschen herausgestrichen. Ohne Arbeit, so lautet die Botschaft, sei das Menschenleben leer und öde.

Arbeit ist von einer ganz besonderen Aura umgeben.

Sie steht in erhabener Höhe über ihrem prosaischen Zweck, der Existenzsicherung, und ist die höhere Bestimmung des Menschen, die ihn erst vom Tier unterscheidet. Das Recht auf Arbeit ist deshalb zum universalen Menschenrecht erhoben und schwarz auf weiß in der »Allgemeinen Erklärung der Menschenrechte der Vereinten Nationen« fixiert worden: »Jeder Mensch hat das Recht auf Arbeit, auf freie Berufswahl, auf angemessene und befriedigende Arbeitsbedingungen sowie auf Schutz gegen Arbeitslosigkeit.«[2]

Hinter dem Wert Arbeit versammeln sich buchstäblich alle gesellschaftlichen Strömungen. Mit viel Tremolo stellt das Grundsatzprogramm der Sozialdemokraten fest: »Arbeit ist nicht nur Existenzbedingung, sondern entscheidende Dimension menschlichen Daseins.«[3] Die kirchlichen Würdenträger drücken sich ganz ähnlich aus: »Aus christlicher Sicht ist das Menschenrecht auf Arbeit unmittelbarer Ausdruck der Menschenwürde.«[4] Wenn es um die Wertschätzung der Arbeit geht, reichen sich selbst DGB und CDU die Hände. So kommt bei Wahlkämpfen der CDU gerne der alte DGB-Slogan zum Einsatz: »Arbeit, Zukunft, Leben«.

Aus allen Lagern ertönt dieselbe Botschaft: Das höchste Ziel der Politik ist es, mehr Arbeit zu schaffen – was beim Wahlvolk genauso viel Begeisterung hervorruft wie die Forderung, dass man gegen Kinderpornographie hart vorgehen müsse. Unsere Arbeitseinstellung ist zu einer Ideologie geworden, die unsere Gesellschaft tief verinnerlicht hat. Ihr oberster Glaubenssatz: Der Mensch *braucht* Arbeit.

Der Held unserer Zeit: Der Profi

Ganz an der Spitze der Wertehierarchie steht dabei die bezahlte Arbeit. Nur sie wird feierlich als Beruf bezeichnet. Wer keinen Beruf hat, ist arbeitslos. Arbeit, die sich außerhalb der Erwerbsarbeit abspielt, ist Kinderkram, ein Hobby, eine Form der Beschäftigungstherapie – Amateurliga. Im eigenen Haushalt arbeitet nur, wer sich keine Putzfrau leisten kann. Die eigenen Kinder aufzuziehen ist ein Ausweis anspruchsloser Einfältigkeit. Wer anderer Leute Kinder gegen Geld betreut, ist dagegen als pädagogische Fachkraft anerkannt, ein Profi, der zur richtigen, ernsthaften Welt dazugehört. Erst die Lohnsteuerkarte weist uns als nützliches Mitglied der Gesellschaft aus. Wichtig ist die Arbeit, die man *hat*, nicht die, die man *tut*.

Schlecht also für den, der keine Arbeit hat. Mit dem Arbeitsplatz hat er auch seinen Platz in der Gesellschaft verloren. Die moderne Version der Hölle heißt Arbeitslosigkeit.

Nur als Berufsmenschen sind wir wer. Das Professionelle ist das Maß der Dinge, die Norm, an der sich das menschliche Handeln zu messen hat. Erfolg im Beruf wird mit Erfolg im Leben gleichgesetzt, nichts gilt uns mehr als die professionelle Leistung. Professionell ist heute synonym mit perfekt. Eine absolut professionell durchgeführte Tätigkeit – sei es nun ein chirurgischer Eingriff oder ein Bankeinbruch – nötigt uns Respekt ab. Außerberufliche Leistungen sind dagegen mit dem Ruch des Zweitklassigen belegt. Amateur zu sein – was vom Wortsinn her bedeutet, etwas mit Liebe zu machen – ist geradezu zum Schimpfwort mutiert. Noch schlimmer ist es dem Dilettanten ergangen, der mehr oder weniger zum Pfuscher geworden ist – keine Spur mehr von der ursprünglichen Bedeutung des Begriffs, der sich von ›diletto‹, der Freude, ableitet. Der Profi ist der Held unserer Zeit.

Eine eventuelle Sinnlosigkeit des Arbeitsinhalts steht nicht zur Debatte. Da es keinen Sinn ohne Arbeit gibt, gibt es auch keine Arbeit ohne Sinn. »Es gibt keine Drecksarbeit, und jeder Job ist besser als kein Job.«[5] Bei solchen Aussagen können sich Politiker des Beifalls ihres Publikums sicher sein. Der Mensch scheint nur dann Mensch zu sein, wenn er sich in den Wirtschaftsprozess eingliedert.

Recht oder Pflicht zur Arbeit?

Aber auch die Arbeitsmoral hat ihren doppelten Boden. Wenn vom Recht auf Arbeit die Rede ist, taucht meist recht bald auch die Pflicht zur Arbeit auf – was in etwa so kurios ist, als verbände man die Forderung nach einer selbstbestimmten Sexualität mit der Pflicht zu einem täglichen Orgasmus.

So schreibt Norbert Blüm in seinem Buch *Die Arbeit geht weiter*, in dem er das Recht auf Arbeit beschwört: »Aber ist es nicht eine Form von Ausbeutung, sich unter den Palmen Balis in der Hängematte zu sonnen, alternativ vor sich hin zu leben im Wissen, dass eine Sozialhilfe von Arbeitergroschen finanziert, im Notfall für den Lebensunterhalt zur Verfügung steht? Kommunenhaft gepflegte Einigelung junger gesunder Menschen ist nichts anderes als Egoismus, weil sie der Frage aus dem Wege geht, wer denn für die Alten, Behinderten und Kranken arbeitet.«[6] Wer das propagierte Recht nicht wahrnimmt, begeht offenbar ein Unrecht.

Das oberste Ziel der Politik scheint zu sein, das gesamte Volk in Stellung zu bringen. Schleswig-Holsteins Ministerpräsidentin Heide Simonis sprach sich auf einer familienpolitischen Versammlung in der Frankfurter Paulskirche gegen ein Erziehungsgehalt aus, mit der Begründung, damit würde vor allem der Verzicht auf Erwerbstätigkeit honoriert. Wichtig sei aber nicht eine Wahlfreiheit zwischen Familie und Beruf, sondern die Chance, beides zu verbinden.[7] Ein Hauch von Zwangsarbeit, der auch noch als Chance verkauft wird.

Wie sehr Arbeit eine moralische Kategorie darstellt, zeigt sich am deutlichsten bei der gesellschaftlichen Bewertung von Arbeitslosigkeit. Die offizielle Diskriminierung von Arbeitslosen ist hierzulande zwar weniger ausgeprägt als in vielen anderen Ländern, aber deshalb ist die öffentliche Haltung noch lange nicht frei von moralisierenden Hintergedanken.

Von guten und von schlechten Arbeitslosen

Wenn Erwerbsarbeit mit Menschsein gleichgesetzt wird, mit was für Wesen haben wir es dann bei Arbeitslosen zu tun? Der kollektive Mythos sieht den Arbeitslosen entweder als gebeugte, gebrochene Gestalt, die »in einer grenzenlosen, entwürdigenden Leere dahinvegetiert«[8], oder aber als agilen, mit allen Wassern gewaschenen Sozialbetrüger, der den ehrlichen Bürger schamlos ausnimmt. Je nach Bedarf bedient man sich des einen oder anderen Archetyps, je nachdem, ob man es auf die Tränen oder die Empörung des Publikums abgesehen hat. Die besten Beispiele für dieses doppelte Spiel aus Mitleid und Aggression liefert immer wieder die *BILD*-Zeitung, deren Mitgefühl für die vom Schicksal gebeutelten Arbeitslosen nur noch von ihren Berichten über gequälte Hundebabys übertroffen wird. Anderntags geht man mit Schlagzeilen wie *Die faulste Arbeitslose Deutschlands* in die Vollen.

Gut und Böse liegen nun einmal dicht beieinander, nicht nur in der *BILD*-Zeitung. Wie der Lungenkrebspatient umso mehr bemitleidet wird, wenn er nicht geraucht hat, so schlagen die Herzen des Publikums nur für den armen Tropf von Erwerbslosen, der schuldlos arbeitslos geworden ist und sich nichts sehnlicher wünscht, als wieder eine Arbeit zu bekommen. Ein Arbeitsloser hat in Sack und Asche herumzugehen. Wehe ihm, wenn er in den Verdacht kommt, Spaß am Müßiggang zu haben …

Ehrenwert ist nur der Arbeitssuchende. So gibt sich

eine von den Kirchen unterstützte Gruppe von Tübinger Erwerbslosen den Namen *Arbeitsuchenden-Treff*. Schon der Name signalisiert, dass es sich um ›ordentliche‹ Arbeitslose handelt. Als ein Zeitungsbericht ein Gruppenmitglied mit dem Satz zitiert: »Immer schaffen müssen, das ist ja auch nicht die Erfüllung«, fühlt sich die Gruppe bemüßigt, in einem Leserbrief klarzustellen, dass der Eindruck, dass »damit die Arbeitslosigkeit zum Positiven« gewendet würde, »in keiner Weise der Wahrheit«[9] entspräche.

Scham und Schande

Dass den so genannten Leistungsträgern der Vorwurf der Faulheit leicht über die Lippen geht, nimmt kaum Wunder. Die Arbeitslosen selber jedoch unterwerfen sich genau demselben Wertesystem und plagen sich mit Selbstvorwürfen und Schamgefühlen. – So verlässt zum Beispiel ein fast 60-Jähriger, dessen Betrieb aufgelöst wurde, über mehrere Jahre hinweg kaum noch das Haus, aus Angst, sich als arbeitslos zu erkennen zu geben. Erst als er das Rentenalter erreicht hat und damit auch vor seinen eigenen Augen das Recht besitzt, nicht mehr arbeiten zu müssen, traut er sich wieder auf die Straße.

Die Scham der Arbeitslosen verfügt über eine globale Dimension. Das hat sich unter anderem in der asiatischen Wirtschaftskrise von 1998 gezeigt. In Korea kam es damals – neben vielen Selbstmorden entlassener

Angestellter – zu einem merkwürdigen, schambedingten Tourismusphänomen: Viele Manager gingen morgens im Anzug aus dem Haus, nur um zum Hausberg von Seoul zu fahren und sich dort mit anderen Arbeitslosen zu treffen. Sie liehen sich an bestimmten Kiosken Wanderklamotten aus und verbrachten den Tag trinkend in den Bergen, woraufhin sie abends wieder in Schlips und Kragen zu Hause bei der Familie erschienen.

Hierzulande ist es nicht viel anders: Auch bei 4 Millionen Erwerbslosen hat Arbeitslosigkeit weiterhin den Geruch des Asozialen. Immer noch setzt sich misstrauischen Blicken aus, wer zu Bürozeiten auf der Parkbank sitzt. Selbst in aufgeklärten Familien werden die Stimmen am Abendbrottisch leiser, wenn die Rede auf den Onkel kommt, der seit kurzem arbeitslos ist. Es liegt so eine Mischung aus Mitleid und Was-sagen-da-wohl-die-Nachbarn in der Luft, ein Hauch von Schande.

Anstatt sich als Opfer einer Entwicklung zu sehen, auf die sie keinen Einfluss haben, machen viele Arbeitslose sich selbst für ihr vermeintliches Scheitern verantwortlich. Diese Scham ist der Grund, warum Arbeitslose den sozialen Frieden nicht stören. Stellen wir uns das doch einmal wirklich vor: Millionen von Arbeitslosen und kein bisschen Zoff! Keine Demonstrationen, keine faulen Eier, keine Werksbesetzungen, keine Blockaden, kein Geschrei. Nein. Grabesstille. Die Scham der Arbeitslosen ist Gold wert, man sollte sie dafür bezahlen.

Hauptsache Arbeit

Je mehr Düsternis am Arbeitsmarkt um sich greift, umso heller strahlt der Glanz der Arbeit. Arbeit ist knapp geworden, deshalb streitet man sich darum. Was knapp ist, hat den Nimbus des Wunderbaren. Arbeit ist zum Gut an sich geworden. Ein Privileg. Und wer ein Privileg genießt, mäkelt nicht rum. Wer nur die Wahl zwischen Arbeit und dem Nichts zu haben meint, wird die Frage zurückstellen, ob das, was er tut, auch gut für ihn ist. Nicht die Arbeit zählt, sondern der Arbeitsplatz.

Die Angst, die Arbeit zu verlieren, ist heute sicher einer der Hauptgründe dafür, dass viele sich so scheinbar klaglos mit ihrer Arbeit zufrieden geben. Dabei geht es aber nicht nur um den drohenden Einkommensverlust. Wir müssen tiefer bohren, wenn wir verstehen wollen, was uns an die Arbeit bindet. Die zentrale Bedeutung von Arbeit in unserem Leben wäre wohl kaum erklärlich, wenn außer den materiellen nicht noch andere, weniger offensichtliche Motive im Spiel wären.

Warum arbeitet der Mensch?

Ja, warum wohl – wenn nicht für den Lebensunterhalt und das Dach über dem Kopf? Warum sonst sollte man sich in einem Supermarkt an die Kasse setzen und jeden Tag 25 000 Mal Tomatenketchup, Haarspray oder Klopapier über den Laserstrahl ziehen?

Trotzdem: Dass wir für unser Geld arbeiten, ist nur

die halbe Wahrheit. Würde Arbeitslosigkeit sonst wirklich so viel Schrecken verbreiten? Wäre Arbeit in unserem Leben sonst tatsächlich so wichtig? Würden jedes Jahr wirklich Milliarden von unbezahlten Überstunden gemacht? Würden wir uns so engagieren in unserem Job? Würden uns Lob und Tadel eines Vorgesetzten so viel bedeuten?

In der Frauenzeitschrift *Allegra* kommt die Visagistin Ines zu Wort: »Wenn ich es nur fürs Geld machen würde, wäre ich sehr traurig. Es ehrt mich natürlich, wenn Jennifer Rush anruft und sagt: Please help me ...«[10]

Oder der Werbetexter Wolfgang, der über seine Arbeit sagt: »Hier ist Kreativität pur angesagt, rund um die Uhr, nur deshalb arbeite ich in diesem Laden.«

»Ich gehe putzen, um wenigstens ein paar Stunden von zu Hause rauszukommen, wo den lieben langen Tag der Alte rumsitzt.« – Auch ein Motiv.

Jeder kann selber die Probe aufs Exempel machen: Fragen Sie Ihre Freunde und Bekannten einmal, was sie tun würden, wenn sie plötzlich Lottomillionär wären und nie mehr arbeiten müssten. Die Antwort wird in aller Regel vom Beruf des Befragten abhängen. Die Architektin, der Professor, der Drehbuchautor – die wenigsten unter ihnen würden aufhören, allerdings ist meistens zu hören: »Aber ich würde wahrscheinlich auf Teilzeit gehen, sodass ich Zeit für andere Sachen habe.« Stellen Sie dieselbe Frage einmal einem Bauarbeiter oder einer Hotelfachfrau. Sie werden meist die Frage zurückbekommen: »Willst du dich über mich lustig machen? Warum soll ich zur Arbeit gehen, wenn ich nicht muss?« Aber auch folgende Antwort gibt es – in diesem Fall von einer arbeitslosen Ärztin: »Wenn ich so viel Geld hätte, würde ich mir davon eine Stelle kaufen.«

Hannah Arendt schreibt mit Recht, dass Arbeit eine doppelte Natur besitzt: Sie ist gleichzeitig Zwang und Werk. Zwang, weil unsere materielle Existenz von ihr abhängt, und Werk, weil wir uns durch das Ergebnis unserer Arbeit verwirklichen – ein profanes Mittel zum Zweck also, aber auch eine Quelle von Sinn, Zugehörigkeit und Selbstwertgefühl.

Arbeit als Auseinandersetzung mit der Welt

Im Märchen muss der Prinz hinaus in die Welt, bis an die Grenzen des Reiches und mit dem Drachen kämpfen, bevor er die Prinzessin bekommt und König werden kann. Im wirklichen Leben ist es nicht anders: Schon das Krabbelkind hat den unbezähmbaren Drang, die Welt zu begreifen und bis an ihre Grenzen zu gehen, seine Fähigkeiten zu erproben und weiterzuentwickeln. Als Erwachsene kennen wir unsere Grenzen zwar besser, aber an dem Drang, sie immer wieder aufzusuchen, hat sich nichts geändert. Wir wollen uns bewähren in dieser Welt.

Die Arbeit – vor allem die bezahlte Arbeit – ist heutzutage der Kampfplatz für unseren Tatendrang. Auch wenn dort kein Drache wartet, sondern nur der Papierstau im Kopierer: Erst nach dem Überwinden von

Hindernissen fühlen wir uns als König und werden entsprechend belohnt – nicht immer mit einer Prinzessin, eher schon durch ein Lob vom Chef oder unsere eigene Zufriedenheit über das Erreichte.

Arbeit macht uns stolz: auf das Ergebnis unserer Bemühungen, die Qualität des Produktes oder auch auf den angesehenen Namen unserer Firma oder der von uns vertretenen Marke, stolz aber auch ganz einfach darauf, dass man in der Welt bestehen, sich und die Seinen versorgen kann. Denken wir an das ganz besondere Gefühl, das mit dem ersten selbst verdienten Geld verbunden ist. Es ist ein Stolz, der sich gar nicht so sehr auf den Verdienst an sich bezieht, nein, das Geld ist der Beweis, dass man nun der Erwachsenenwelt angehört. Lohn belohnt.

Aber ganz unabhängig von einer materiellen Entlohnung werden wir auch von unserem eigenen Körper belohnt, wenn wir tätig werden. Der Drang zum Tätigsein scheint quasi als biologisches Programm in uns angelegt. Wobei Tätigkeit hier nicht unbedingt nur körperliche, sondern auch geistige Aktivität bedeutet. Ein ganzes Netzwerk von Botenstoffen, Endorphinen und Hormonen lässt uns Aktivität als angenehm empfinden, und eine Hypothese bei der Erklärung des Workaholismus ist die der »Endorphinfalle«: Das ständige, unaufhörliche Arbeiten wird zur ausschließlichen Quelle von Nervenkitzel und schließlich zur Sucht.

Erfolg macht sexy

Während der Prinz alleine kämpfen muss, ist die Arbeit für uns Normalmenschen meist eine soziale Angelegenheit. Unsere Arbeit bringt uns unter die Leute. Und selbst wenn sie im stillen Kämmerlein stattfindet, hat sie immer irgendetwas mit anderen zu tun, mit Kunden, Auftraggebern, Kollegen oder Chefs. Unsere Arbeit bringt uns aus unserer privaten Welt in das öffentliche Leben. Arbeit gliedert uns in die Gesellschaft ein, gibt uns eine Rolle, eine Identität, einen Wert. Wer eine Arbeit hat, gehört dazu.

Und vergessen wir nicht, dass der berufliche Erfolg eines Mannes in der Regel immer noch über seinen Erfolg bei Frauen entscheidet. Der Leitsatz »Women marry up« gilt auch noch nach drei Jahrzehnten Emanzipationsbewegung. Oder, wie es die *Wirtschaftswoche* in ihrem Werbeslogan ausdrückt: »Erfolg macht sexy« – was sich wie selbstverständlich nur auf Männer bezieht. Anders ausgedrückt: Auch ein grauhaariger, griesgrämiger Herr kann eine hübsche junge Frau abbekommen, wenn er nur Minister ist. Dies ist sicher ebenfalls ein Grund dafür, dass viele Männer so verheiratet mit ihrem Beruf sind.

Oder zumindest meinen, es sein zu müssen. Tom Wolfe lässt uns in seinem Roman *Fegefeuer der Eitelkeiten* einem romantischen Abendessen zwischen Shelly, »dem Mädchen mit dem braunen Lippenstift«, und dem schwer in sie verliebten Unterstaatsanwalt Larry Kramer beiwohnen. Im Kerzenschein unterhält Larry das schöne Mädchen den lieben langen Abend mit seinen beruflichen Heldentaten. Als sich die beiden dann nach dem Dessert endlich küssen, sind Shellys Gedanken aber nicht ganz bei der Sache: Sie denkt darüber nach, warum man jedes Mal, bevor man mit einem Mann ins Bett geht, »erst mal dasitzen und zwei oder drei Stunden lang ›Meine Karriere‹ über sich ergehen lassen muss«.[11]

Arbeit – ein Spiel?

Auch wenn es auf den ersten Blick nicht so erscheint, hat Arbeit doch vieles von einem Spiel an sich. Wir messen uns mit Konkurrenten, haben ein Ziel vor Augen und gehen nach klaren Regeln vor. Vor allem aber: Sowohl bei der Arbeit als auch beim Spiel sind wir, im Idealfall, voll bei der Sache. Wir konzentrieren uns auf die Aufgabe, gehen ganz in ihr auf und vergessen die Welt um uns herum. In der Glücksforschung wird diese selbstvergessene Versunkenheit als *Flow* bezeichnet, als ein Zustand, in dem die seelischen Energien frei fließen können und ein Gefühl der Zufriedenheit auslösen. Arbeit ist eine der Hauptquellen von Flow. Wenn niemand arbeiten müsste, spekuliert deshalb Bernard Suits in seinem Buch *The Grashopper*, würde der Mensch vielleicht Spiele erfinden, die der Arbeit ähneln.[12] Für Kinder ist die Grenze zwischen Spiel und Arbeit ohnehin fließend: Von jeher imitieren sie in vielen ihrer Spiele am liebsten die Arbeit der Erwachsenen.

Der Unterschied zwischen Arbeit und Spiel besteht

natürlich darin, dass man das Spielen auch bleiben lassen kann, wenn man nicht mehr will. Hierin könnte der Grund für einen auf den ersten Blick frappierenden Befund liegen: Frauen haben in der Regel mehr Spaß an der beruflichen Arbeit als Männer[13], und das trotz ihrer notorischen Diskriminierung bei Gehalt und Aufstiegschancen. Aber da Frauen in einem höheren Maß ein eigenes Leben außerhalb des Jobs führen, sind sie von ihrer Arbeit weniger abhängig und können sie deshalb zur Not auch unbeschädigt wieder bleiben lassen. Zumindest Frauen der Mittel- und Oberschicht können daher mit Arbeit spielerischer umgehen. Und tatsächlich wird die Arbeitswelt in den meisten Frauenzeitschriften als ein einziger Abenteuerspielplatz dargestellt. In den entsprechenden Männerzeitschriften ähnelt der Beruf dagegen eher einem Kriegsschauplatz – Thema Nummer eins: Wie kann ich möglichst viele Feinde zur Strecke bringen, um selbst zu überleben? Es herrscht bitterer Ernst, natürlich auch in der Kleidung, die in der Männerwelt, wie es sich für den Krieg gehört, einer Uniform nachempfunden ist. Und je erfolgreicher die Frau, desto nahtloser fügt sie sich in die Reihe der Krieger ein. Im mausgrauen, geschlechtsneutralen »Powersuit« signalisiert sie ganz wie ihre Kollegen: »Hier wird nicht gespielt.«

Treibstoff Arbeit

Zurück in die Märchenwelt. Was wäre, wenn der Prinz nicht zu Heldentaten aufbräche, einfach so heiraten und bis zum Ende seiner Tage in seinen Luxusgemächern bleiben würde? – Würden nicht alle Beteiligten vor Langeweile sterben? Wenn alle Stunden und Tage gleich sind, wird die Zeit endlos, leer und Furcht einflößend. Der Mensch braucht zum Leben eine Struktur, Aufgaben und Ziele. Und genau dies bietet ihm die Arbeit und befriedigt damit das Bedürfnis nach Regeln, Vorgaben und Halt. Das fängt schon damit an, dass sie die Zeit in zwei Bereiche – Arbeitszeit und Freizeit – einteilt. Ohne Abwechslung hat der Tag kein Gesicht. Der Schrecken der Arbeitslosigkeit liegt für viele Betroffene gerade in der Strukturlosigkeit der Zeit. »Das Problem mit der Arbeitslosigkeit ist, dass du nie einen Tag freikriegst.«[14] Oder anders gesagt: Chronische Freizeit ist keine Freizeit.

›Etwas zu tun‹ ist der Treibstoff, mit dem wir durchs Leben fahren können, ohne uns weitere Gedanken machen zu müssen. Und ›etwas zu tun‹ gibt uns in der Arbeitsgesellschaft vor allem unser Arbeitgeber (der, um bei unserem Bild zu bleiben, quasi über die Tankstelle verfügt). Es ist nicht nur der Broterwerb, um den die Menschen anstehen, sondern auch der Daseinszweck. Unsere Wirtschaft blüht nicht nur deshalb, weil die Menschen ein so unstillbares Verlangen nach ihren Waren oder Diensten haben, sondern auch deshalb, weil ihr unsere Lebensenergien in Form von Arbeit so willig und im Überfluss zuströmen – im Austausch gegen Struktur, Ziel und das Gefühl, nützlich zu sein. Arbeitgeber sind auch Sinngeber. Der Job ist die Auffahrt zur Autobahn, auf der wir schnell und bequem durchs Leben kommen. Für viele Menschen ist es weniger ein Problem, ihre Arbeitszeit hinter sich zu bringen, als etwas mit der freien Zeit danach anzufangen. Genau darin kann auch der Fluch eines Lottogewinns liegen. Wer es plötzlich nicht mehr nötig hat, zur Arbeit zu gehen, droht aus der Selbstverständlichkeit seiner Umlaufbahn geworfen zu werden und sich in der Leere des Alls wieder zu finden.

Horror vacui – die Angst vor der Leere

Freiheit kann durchaus gefährlich werden: »Die große Majorität der Menschen [...] würde der trostlosesten Langeweile verfallen, wenn sie nicht durch tausend Zwangsmaßregeln von sich selbst und ihrer inneren Leere abgelenkt würde. Man gebe einem Hafenarbeiter, einem Kommis, einem Turnlehrer oder einem Briefträger die volle Verfügung über seine Zeit und seine Person, und er wird trübsinnig oder zum Schurken werden.«[15]

Arbeit ist das vielleicht potenteste Mittel gegen die Angst vor der Leere, dem Horror vacui. Durch Arbeit fühlen wir uns »eingespannt« und haben eine vorgegebene Richtung, einen Zusammenhalt, der uns durch die Welt lenkt. Nicht ohne Grund kommen existenzielle Ängste ins Spiel, wenn der Arbeitsplatz bedroht ist.

Und nicht ohne Grund kann Arbeit zur Sucht werden. Die Abhängigkeit wird manchem allerdings erst im Moment des Entzugs bewusst. Robert Levine, der Autor des Buches *Eine Landkarte der Zeit*, beschreibt seine Gefühle am Anfang seines Sabbatjahres, für das er sich vorgenommen hatte, sich einfach einmal gar nichts vorzunehmen: »Es war wirklich erbärmlich. Hier saß ich, freier und mobiler, als die meisten Menschen der Welt es sich nur träumen lassen konnten. Marlon Brando auf seinem Motorrad – mit Pass, Doktortitel und dickem Scheckbuch. Und ich reagierte darauf mit einer Panikattacke.«[16]

Je mehr wir unsere Energien auf die Arbeit konzentriert haben, desto leerer und furchterregenderer erscheint uns die unbekannte Welt ringsum. Und so geht es uns mit unseren Träumen vom selbstbestimmten, freien Leben oft nicht anders als dem Strafgefangenen, der sich vor der Freilassung in die fremde feindliche Welt fürchtet. Der Horror vacui hält uns bei der Stange, auch wenn der so genannte Beruf längst sinnlos und die Welt der Arbeit rau und unwirtlich geworden ist.

Kapitel 3

Die Schattenseiten der Arbeit

Der Leistungsboom · Das Bündnis für Sinn · Das Privatleben wird Nebensache · Die besten Jahre · Endstation Hamsterrad · Ersatzheimat Beruf · Permanenter Budenzauber · Die Arbeitsethik der Angst · Alles wird Arbeit · Freizeitstress · Der faule Zauber der Dienstleistungsgesellschaft · Die drei Mythen der Arbeit · Arbeitstiere mit Fluchtgedanken · Der letzte Anker

»Ich vermiete seit 30 Jahren Autos, das ist mein Leben.«
Erich Sixt, Mietwagen-Unternehmer

Arbeit scheint also perfekt zu uns zu passen. In ihr findet der Mensch viel von dem – von der Sicherheit bis zum Nervenkitzel –, was er im Leben sucht. Aber auch Selbstverwirklichung, Ruhm und Ehre. Der Mensch und seine Arbeit: Kann es eine passendere Verbindung geben? Sind die beiden nicht wie füreinander geschaffen, aufeinander zugeschnitten wie ein zweiteiliges Puzzle?

Der Leistungsboom

»Neben der Arbeit schlafe ich, gehe einkaufen und denke über die Arbeit nach.« Der Weg nach oben ist ein harter Job für die 27-jährige Martha Lane Fox, Chefin der Internetfirma *Lastminute.com*, die in einem Interview zur »Symbolfigur für den Aufbruch der Briten ins Online-Geschäft« hochgejubelt wurde.[1] Doch auch Deutschland hat seine Arbeitshelden. Kaum eine Zeitschrift oder Talkshow, in der nicht die Erfolgsstory eines jungen Internet-Pioniers oder, noch besser, einer

Pionierin aus der neuen Gründergeneration vermarktet wird. Die medienwirksame Mischung von Hightech, Jugend und Reichtum ruft selbst den Verteidigungsminister auf den Plan. Er will Existenzgründer und IT-Experten vom Wehrdienst freistellen, um so seinen Beitrag zum neuen Boom zu leisten. Es ist so weit: Endlich geht der viel beschworene Rrrrrrruck durch das Land. Einsatz und Leistung gelten wieder etwas, und der Unternehmer, der der Generation der 68er noch als Ausbeuter suspekt war, ist zum beruflichen Vorbild geworden.

Auch wer nicht gleich Unternehmer werden will, hat mittlerweile schier unermessliche Erwartungen an den Beruf: Arbeit soll nicht nur Spaß machen, interessant und abwechslungsreich sein, sondern darüber hinaus auch noch die Möglichkeit zur Selbstverwirklichung bieten. Der Beruf soll Konto und Seele gleichermaßen glücklich machen. Noch nie war Erwerbsarbeit so sehr Bedürfnis wie heute, noch nie wurde in ihr so Grundlegendes gesucht, bis hin zu Lebenssinn und Lebenserfüllung.[2]

Das Bündnis für Sinn

Und die Unternehmen reagieren auf diese neue Stimmungslage, die ihnen ja im Grunde nur entgegenkommt. »Wer Leistung fordert, muss Sinn bieten«, lautete schon in den achtziger Jahren der Titel eines populären Management-Ratgebers.[3] In unzählbaren Seminaren wird den Führungskräften seitdem die Technik der Sinnvermittlung beigebracht. Fast jedes Unternehmen hat sich eine so genannte Corporate Identity erarbeitet oder aus dem Menü eines Beraters ausgewählt – ein Wertepaket, mit dem sich die Belegschaft identifizieren können soll. Eine Seele gewissermaßen. In den jungen Trendbranchen wird gerne ein szeniger Life-style zur Identifikation angeboten: Einkaufs-, Hemdenbügel- oder Massageservice. Die Botschaft lautet: Wir sind jung und fit für Überstunden. Nicht mehr: Bungee statt Büro, sondern: Bungee im Büro.

Wo es früher darum ging, mit Stechuhren den Körper einzufangen, will man jetzt die Seele. Der Arbeitsplatz wird mit Bedeutung aufgeladen und aus der Belegschaft eine große Familie gemacht, mehr noch, eine Glaubensgemeinde, die zu jedem Opfer bereit ist und einer gemeinsamen Vision folgt.

Und scheinbar profitieren von diesem Sinnbündnis alle Beteiligten: der einzelne Mitarbeiter auf seiner Suche nach einer tieferen Bedeutung seines Tuns, das Management, dem die Familiennummer motivierte Mitarbeiter beschert, und selbstverständlich der Eigentümer, der mit Hilfe der den Mitarbeitern verkauften Visionen der eigenen Vision näher kommt, der Steigerung des Gewinns oder des Aktienkurses.

Man mag versucht sein, diese Sinnstiftungsversuche als allzu durchsichtige Inszenierung zu betrachten, die ohnehin niemand ernst nimmt. Wo soll der tiefere Sinn liegen, wenn eine Firma die andere aus dem Markt drängt? Welche Vision soll hinter dem Wunsch stehen: Wir wollen Branchenführer werden? Helmut Schmidt hatte einst für derartige Motivationsspiele den nüchternen Kommentar parat: »Wer Visionen hat, sollte zum Arzt gehen.« Aber bei einem großen Teil der Belegschaften scheinen die Verheißungen auf fruchtbaren Boden zu fallen. Glaube macht nun einmal selig. Für viele, zumal jüngere Arbeitnehmer ist das Bedürfnis nach einem Sinn im Beruf so groß, dass sie die Glücksversprechen nicht hinterfragen. Der Beruf ist für sie der einzig denkbare Weg zu Lebenszufriedenheit und Erfüllung. Wie sonst sollte man sich in der Welt beweisen? Wo sollte man Anerkennung finden? Nur zu verständlich erscheint, dass gerade diejenigen, die von klein auf auf Leistung und Erfolg ausgerichtet worden sind, sich der Karriere mit Haut und Haar verschreiben.

Das Privatleben wird Nebensache

Aber je tiefer der Mensch in die Arbeitswelt abtaucht, desto blasser erscheint ihm die Welt drumherum. Wenn alle seelischen Energien am Arbeitsplatz gebunden sind, werden Zuhause und Privatleben, Familie und Freunde belanglos. Wer den ganzen Tag zwölf Stunden lang arbeitet, kommt nicht auf die Idee, jenseits der Arbeit Bestätigung und Erfüllung zu suchen. Der Beruf übernimmt plötzlich nicht nur die Regie des Lebens, sondern das Leben selbst.

Nur im Beruf scheinen noch die wahren Herausforderungen zu lauern: Fehler in Computerprogrammen aufzuspüren, Meetings reibungslos über die Bühne zu bringen, unmögliche Fristen einzuhalten ... Das Leben außerhalb dieser heldenhaften Schlachten dient nur zum Atemholen für den nächsten Einsatz. Allenfalls kann es einen emotionalen Halt bieten, aber Herausforderung oder gar Spannung? Wenn einem tagsüber die Kugeln um die Ohren fliegen, kann man sich schwer auf die kleine, niedliche Welt mit ihren Problemchen zu Hause oder im Freundeskreis einlassen. Das ist so, als würde man vom K2 absteigen, um danach dem Kleingärtnerverein beizutreten.

Das Privatleben wird zu einer Nebenwelt, die immer mehr an Realität und Nährkraft einbüßt und mit der Zeit vertrocknet. In der Beziehung wird eine Durststrecke von der nächsten abgelöst, mit den besten Freunden hat man sich nichts mehr zu sagen, die Lektüre eines interessanten Buches verschiebt man auf den nächsten Sommerurlaub, und die Kinder fragen schon gar nicht mehr nach dem Mann, der Papa heißt. Wie könnte es auch anders sein? Unsere privaten Dinge und Beziehungen verlangen nach einer ganz anderen Art von Aufmerksamkeit, als sie im effizienzorientierten Berufsleben gefordert wird. Hier geht es um die Kunst der Muße, um Zeit, die sich nicht in Minuten oder Stunden messen lässt, um Hingabe und Verträumtheit, um all jene Bereiche unseres Seins, die nicht dem Diktat des Nützlichkeitsdenkens unterworfen sind.

Apropos Kinder. Die Arbeitsgesellschaft ist an einem denkwürdigen Punkt angelangt: Selbst die Fortpflanzung will nicht mehr funktionieren. Wo der Beruf, für

Mann und Frau gleichermaßen, die einzige Selbstverständlichkeit des Lebens ist, wird Kinderkriegen zu Last oder Luxus. Eine Umfrage unter jungen Führungskräften ergab, dass nur zehn Prozent der Frauen und sechs Prozent der Männer bereit wären, ihre Karriere für eine Familiengründung aufzugeben.[4] Kinder sind unter beruflich Erfolgreichen das Ergebnis eines quälenden Prozesses jahrelanger Abwägungen geworden. Ein Hemmnis, ein Handicap, allenfalls eine Versuchung, der es zu widerstehen gilt, weil sie das Erreichte zunichte machen könnte. Und wenn man sich dann doch durchgerungen hat, muss man möglichst schnell über die Baby- oder Kinder-Pause hinwegkommen. Die Kleinen könnten eine gefährliche Lücke in die Biographie reißen. Aus süßen Kinderlein werden Karrierekiller.

Die besten Jahre

Die Geschichte unseres Lebens wird zunehmend vom Beruf bestimmt. Es sind unsere so genannten besten Jahre, die wir der Arbeit widmen. Fürs Leben bleibt der Rest, der nach der Arbeit übrig bleibt: der Rest des Tages, wenn wir müde sind, als Feierabend, der Rest der Woche, wenn wir erholungsbedürftig sind, als Wochenende und der Rest des Lebens, wenn wir keinen Saft und keine Kraft mehr haben und die Kinder längst ausgeflogen sind, als Ruhestand. An dieser scheinbar naturgegebenen Ordnung hat sich schon vor einem

Jahrhundert Nietzsche gestoßen: »Wir haben das Gewissen eines arbeitsamen Zeitalters: dieses erlaubt uns nicht, die besten Stunden und Vormittage der Kunst zu geben, und wenn diese Kunst selbst die größte und würdigste wäre. Sie gilt uns als Sache der Muße, der Erholung: wir weihen ihr die Reste unserer Zeit, unserer Kräfte.«[5]

Von all den Rollen, den Interessen, den Welten, die uns im Leben möglich sind, bleibt allzu oft nichts übrig als der Beruf und das so genannte Fortkommen. Die Karriere und die mit ihr einhergehende Aufbesserung von Status und Einkommen erscheinen uns irgendwann als das eigentliche Ziel des Lebens, das wir verfolgen, bis es uns eines Tages das Leben ersetzt, unmerklich meistens und oft gegen unsere erklärten Absichten. In der Jugend sehen wir unser Leben anders an, und die Zukunft erscheint uns noch voller Möglichkeiten. Wir haben Zugang zur ganzen Breite unserer Stimmungen, Gefühle und Interessen. Und doch ahnen wir schon, dass wir nicht alle Träume verwirklichen werden. Vielleicht liegt deshalb über der Jugend diese seltsame Mischung aus Aufbruchstimmung und Abschiedsschmerz. Wir suchen unsere Rolle in der Welt und stellen große Fragen an das Leben: Sind wir zum Künstler geboren? Können wir die Welt verändern? Wie kriegen wir die vielen Interessen unter einen Hut? Der Beruf, für den man sich dann entscheidet, meist mehr aus Pragmatismus denn aus Überzeugung, liefert die scheinbaren Antworten – zumindest aber bedeutet er das Ende des Fragens.

Endstation Hamsterrad

Am Anfang ist Karriere für die allerwenigsten ein Selbstzweck. Zunächst will man vor allem seine Ideen in den Beruf einbringen, seine Talente entfalten, seine Kompetenz unter Beweis stellen und dabei Spaß haben. Und natürlich sollte dabei auch der Erfolg nicht fehlen. Man bringt sich ein, strengt sich an, und so geht es Stufe um Stufe höher. Mit der Verantwortung wachsen die Zwänge, der Konkurrenzkampf wird härter. Man geht Kompromiss um Kompromiss mit dem ein, was man sich einmal unter seinem zukünftigen Leben vorgestellt hat. Man hat seine berufliche Bestätigung und ein gutes Gehalt. Aber das Gefühl von Freiheit gehört der Vergangenheit an – ironischerweise kennt man es nur noch aus jener vergangenen Zeit, als man noch gar nicht auf der Karriereleiter stand. Wer dann noch den nächsten Gehaltssprung schon in die Kreditzahlung für das Eigenheim eingeplant hat, sitzt auch materiell in der Falle und muss feststellen, dass ein steigender Lebensstandard nicht unbedingt einen Zuwachs an Lebensqualität mit sich bringt. So enden die Träume von der Selbstverwirklichung in schöner Regelmäßigkeit im selbst organisierten Freiheitsentzug. Was als persönliches Abenteuer begann, wird für viele zur Galeere, aus der es kein Entkommen mehr gibt. Denn was wäre man schon ohne die Firma? Wo anders stellt sich das angenehme Gefühl ein, wichtig, ja unverzichtbar, zu sein? Wie sonst sollte man seinen sozialen Status halten?

So ist man eingespannt in ewig drängende Aufgaben und gefangen in einem unauftrennbaren Netz aus Routine. Kaum noch bemerkt man, wie die Intensität der Empfindungen nachlässt, die Vielfalt der Farben und Düfte des Lebens verschwindet. Und je mehr unsere Welt aus Arbeit besteht, umso kleiner wird sie. Als Trost mag allenfalls die Erkenntnis bleiben, dass der eingeschlagene Lebensweg wenn auch nicht zum Glück, so doch zur sicheren Rente führt.

Ersatzheimat Beruf

Neben den Rentenansprüchen hat die Ersatzheimat Beruf durchaus noch anderen Komfort zu bieten. So sind unsere Arbeitsplätze immer sauberer geworden, ruhiger, heller, ergonomischer, hygienischer. Tausende von DIN-, ISO-, BG- und sonstigen Normen sorgen dafür, dass wir heute bei der Arbeit oft komfortabler, sicherer und gesünder leben als zu Hause. Und nicht nur das: Unsere Arbeit hat in vielen Bereichen ihren stumpfsinnigen Charakter verloren und ist abwechslungsreicher, ja spannender geworden. Der Anteil der höher qualifizierten Tätigkeiten steigt, und mit ihm wachsen Verantwortung und Selbstbestimmung. Diese schwierigeren Anforderungen mobilisieren Energien und Kreativität. Flexible Arbeitszeiten haben die Pausenklingel verdrängt. Aus vielen Büros ist der Schreibstubenmuff verschwunden, und manch einer blüht sichtbar auf, wenn er seine Ärmelschoner ablegen kann.

Hinter der blitzblanken Kulisse findet jedoch eine andere, viel tiefer greifende Entwicklung statt. Eine neue Wirtschaftsordnung hat Einzug gehalten und den stillschweigenden Konsens zwischen Arbeitgeber und Arbeitnehmer aufgelöst, der darauf beruhte, dass man so lange seines Arbeitsplatzes sicher sein konnte, wie man gute Arbeit leistete. Die weltweit wachsende Konkurrenz setzt jedoch jedes einzelne Unternehmen unter Druck. Es geht nicht mehr darum, gut zu verdienen, sondern besser als alle anderen. Moderne Unternehmen können sich keine unprofitablen Bereiche leisten. Wer keine Spitzenleistungen zu bieten hat, geht unter. Der Schwächere muss im Interesse einer besseren Rendite identifiziert und entlassen werden. Der etwas langsamere Kollege, der früher von seinem Vorgesetzten geduldet wurde, ist heute ein Sozialfall. Arbeit ist in unserer Zeit ein Rohstoff wie jeder andere. Begriffe wie Loyalität, Fürsorge oder soziale Verantwortung des Unternehmens entsprechen nicht mehr der Logik des globalisierten Marktes. Und während der Arbeitnehmer stolz die Jubiläumsnadel für 30-jährige Betriebszugehörigkeit entgegennimmt, berechnet der Controller schon die beim nächsten Sozialplan anfallenden Entsorgungskosten.

Permanenter Budenzauber

In der weltumspannenden Wirtschaft ist höchstmögliche Geschwindigkeit gefragt. Es wird abgestoßen, zugekauft, fusioniert, übernommen, umstrukturiert, bereinigt, zerschlagen und wieder zusammengebaut, bis der Gewinn oder der Aktienkurs den Gipfel erklommen hat. Und was wird aus den Mitarbeitern? Die Übriggebliebenen sind damit beschäftigt, sich auf die neuen Gegebenheiten einzustellen, sich an die jeweils neuen Formulare, Telefonlisten und die tagesaktuellen Chefs zu gewöhnen und sich am Telefon unter dem gerade gültigen Firmennamen zu melden. Die anderen finden sich als feste Freie, Zeitarbeiter, Teilzeitjobber, Praktikanten, Volontäre, Hospitanten, Aushilfskräfte oder in Probezeit bei einer Tochtergesellschaft wieder, in einem unsicheren Arbeitsverhältnis.

Die neuen Zeiten erfordern vom Mitarbeiter vor allem Mobilität und zeitliche Flexibilität. Schicht-, Nacht- und Wochenendarbeit haben ihren Charakter als Ausnahme von der Regel längst verloren. Maschinen übernehmen die Hoheit über den menschlichen Schlaf-wach-Zyklus. Beschleunigt wird diese Entwicklung durch den Siegeszug des Internets, denn im virtuellen Raum ist unbegrenzte Flexibilität möglich, mit allen Vor- und Nachteilen: Immer mehr Menschen arbeiten in freier Selbstbestimmung in ihren eigenen vier Wänden – oder auch in grenzenloser Selbstversklavung, da der Arbeit am Computer weder räumliche noch zeitliche Grenzen gesetzt sind. Das Netz arbeitet rund um die Uhr und macht uns so zu virtuellen 24-Stunden- und 365-Tage-Angestellten.

Die Arbeitsethik der Angst[6]

Aus Sicht des Unternehmens soll heute jeder Mitarbeiter sein eigener Unternehmer sein, der seine Dienste zu Marktkonditionen an das Unternehmen verkauft und dessen Profitabilität jederzeit quantifiziert werden kann – mit dem Ziel, den jeweils günstigsten Anbieter zu erkennen. So gestaltet sich das ganze Berufsleben als eine einzige Probezeit. Zusammen mit dem Gefühl von Austauschbarkeit und Entwertung macht sich unter den Arbeitnehmern Verunsicherung breit. Und dies nicht ohne Grund: 40 Prozent der Erwerbstätigen waren in ihrem Berufsleben schon einmal arbeitslos. In zehn Jahren wird über die Hälfte der Bevölkerung in Deutschland über 45 Jahre alt sein und somit zur Kategorie der schwer Vermittelbaren gehören – und das ganz unabhängig von ihren Kenntnissen, Erfahrungen und Fähigkeiten. Immer mehr Menschen leben in der ständigen Sorge, ihren Arbeitsplatz zu verlieren und sozial abzusteigen. Und gerade denjenigen, die sich mit Haut und Haar dem Beruf verschrieben haben, droht bei der nächsten Entlassungswelle der Verlust all dessen, was ihr Leben bestimmt hat.

Die neue Arbeitsethik ist charakterisiert durch den Terror der Angst. Die Sorge um den Job treibt viele zu Überstunden, zum trickreichen So-tun-als-ob oder zur Karriere des Bürokriegers, der hauptsächlich damit beschäftigt ist, seine Kollegen zu bekämpfen, um seine eigene Haut zu retten: »Ein Rennen ohne Ende, mit der einzigen Hoffnung, im Rennen zu bleiben.«[7]

Die neue Berufswelt kann immer weniger das bieten, was in der Marktgesellschaft ohnehin Mangelware ist: Zugehörigkeit. Sie bietet keinen Verlass mehr, keine Sicherheit, keinen Zusammenhalt. Sie zwingt vielen ein bindungsloses Nomadenleben auf, denn mit leichtem Gepäck reist es sich besser. Familiäre oder freundschaftliche Bindungen und die Verwurzelung in einem sozialen Umfeld sind Gift für die Karriere. Die neuen Zeiten verlangen nach strahlenden Siegertypen, bindungslos und einsatzbereit, wo immer sie gebraucht werden – Fremdenlegionäre, die weder Furcht noch Heimat kennen. Die Kluft zwischen dem Bedarf der Wirtschaft und den Bedürfnissen der Menschen wird immer breiter. Schließlich sind nur wenige zum unabhängigen Helden geboren, die meisten aber können sich nicht über ihre menschlichen Bedürfnisse hinwegsetzen: Sie leben mit dem Wunsch nach Zugehörigkeit, Kontinuität, verbindlichen Beziehungen und einem Zuhause.

Alles wird Arbeit

Dieses Zuhause allerdings steht zunehmend im Schatten der Arbeit. Wer kennt nicht diese letzten Telefonate kurz vor Büroschluss, die eigentlich nur den Beginn der nächsten Runde einläuten? – »Liebling, ich mach hier gleich Schluss. Du weißt ja, ich muss noch kurz beim Architekten vorbeischauen. Vielleicht kannst du schon die Kinder bei Lisa abholen. Und vergiss nicht, dass wir zu dieser Party bei XY nicht zu spät kommen sollten. Hat sich der Babysitter schon gemeldet? … Was? … Ja, ja, ich bring dann Blumen mit. Also dann, bis später.«

Für viele geht nach der Arbeit der Stress erst richtig los. Freizeitaktivitäten müssen koordiniert und die Termine der verschiedenen Familienmitglieder unter einen Hut gebracht werden. Die freie Zeit muss durchorganisiert, strukturiert und budgetiert werden wie der Tag eines Managers. Alles wird zur Arbeit: Wie unter Zwang müssen wir auch zu Hause weiter arbeiten. Selbst die alltäglichsten Beschäftigungen scheinen erst dann Sinn und Legitimation zu erhalten, wenn sie als Arbeit bezeichnet werden können. Etwas einfach so zu tun, ist irgendwie fragwürdig, ja minderwertig. Aus dem Elternsein wird Erziehungsarbeit, aus der Liebe Beziehungsarbeit und aus der Trauer Trauerarbeit. Überhaupt lebt man heute nicht mehr bloß dumpf vor sich hin, sondern arbeitet an sich. Man geht zum *Workout*, um an seiner Figur zu arbeiten, oder zu *Workshops*, um zum Beispiel seinen Wissensdurst zu stillen, zu tanzen oder zu spielen.

Freizeitstress

Für immer mehr Menschen besteht ihre Freizeit darin, die Arbeit der Profis zu simulieren. Interessanterweise ist die in der Berufswelt gering geschätzte körperliche Arbeit in der Freizeit durchaus hoffähig, ja, sie wird für

Aussehen und Gesundheit als zwingend notwendig erachtet. Der Arbeiter, der den Tag über harte körperliche Arbeit verrichtet und sich am Feierabend vor der Glotze Ruhe gönnt, wird als lascher Typ angesehen. Wer jedoch den ganzen Tag am Schreibtisch oder in Sitzungen verbringt und abends Geld ausgibt, um an Geräten zu schwitzen, hat den Zeitgeist auf seiner Seite.

Unter dem Ansturm der Terminflut büßt das Zuhause seine Qualität als ruhender Pol, als Gegengewicht zur Arbeitswelt ein. Oft ist man froh, wenn man noch rechtzeitig von der Arbeit heimkommt, um dem Partner und den Kindern tschüs sagen zu können, bevor sie zur Arbeit oder zu sonstigen Verpflichtungen aufbrechen. Der Tisch als Zentrum des Familienlebens hat in vielen Familien ausgedient und ist vom Kühlschrank ersetzt worden, aus dem sich jeder nach Maßgabe seines individuellen Tagesablaufs flexibel bedienen kann. Der klassische Feierabend ist ein Auslaufmodell. Stress und Hektik sind längst nicht mehr nur auf die Arbeitswelt beschränkt. Immer mehr Menschen fühlen sich auch in ihrer Freizeit überarbeitet – und das, obwohl sie, objektiv gesehen, mehr Zeit als frühere Generationen zur eigenen Verfügung haben.

Sind wir Opfer der Beschleunigung? Bei näherem Hinsehen scheint es eher so, als ob wir selber aufs Gaspedal drückten. Wir scheinen alles zu tun, um den Ernstfall zu vermeiden: zu uns selbst zu kommen. Wir »scheuen keine Opfer an Anstrengung und Geld, um keine Zeit zu haben«.[8]

Der faule Zauber der Dienstleistungsgesellschaft

So wie sich mehr und mehr Tätigkeiten in Arbeit verwandeln, werden aus zwischenmenschlichen Beziehungen auf einmal Leistungen, die gekauft und verkauft werden. Das Nützlichkeitsdenken der Wirtschaft kriecht in die letzten Winkel des Privaten. Gut und wertvoll ist nur, woraus ein bestimmter Nutzen gezogen werden kann, und demnach ist nur nützlich, was (ver)käuflich ist. Immer mehr Dienste, die bisher unserer privaten Welt angehörten, werden plötzlich professionalisiert – Dienste, die früher kein Preisschild trugen, sondern aus Freundschaft, Liebe, Verantwortungsgefühl oder Barmherzigkeit verrichtet wurden. Wir begegnen einander zunehmend als Kunde und Dienstleister. Was wir bislang recht und schlecht selbst gemacht haben, erledigen nun Profis für uns. Wer findet schon Zeit zum Kochen? Heute holt man sich sein Essen oder lässt es sich bringen. Seit die Großmütter, die noch backen können, rar werden, kommt der Geburtstagskuchen vom Konditor, der mit dem Slogan wirbt: »Schmeckt wie selbst gemacht.«

Dienstleister, Experten, Berater und Center für jeden Lebensbereich: Zeitmanagement-Berater, Tagesablauf-Planer, Fernsehprogramm-Berater und TV-Selektoren, Kontakt-Vermittler, Aggressions-Trainer, Ideen-Entwickler und Ideen-Vermarkter, Event-Manager, Geschenke-Berater, Konsum-Berater, Typ-Berater, Kosmetik-Berater, Personal Coach, Party-Service,

Massage-Service, Fitness-Center, Wellness-Center, Eros-Center, Entertainment-Center ... und Beauty-Center.

Das Profi-Wesen sichert angeblich unsere Zukunft. Gerade der Bereich der personalen Dienstleistungen gilt als *der* Hoffnungsträger für eine steigende Beschäftigungsrate. Wer Dinge noch selber tut, vernichtet Arbeitsplätze.

Dabei ist die Verdienstleistung finanziell gesehen für die meisten ein Nullsummenspiel: Man arbeitet, um sich die Dienste leisten zu können, die man – hätte man nur die Zeit dazu – selber bewerkstelligen könnte. Aber um Geld geht es gar nicht – es geht um das Lebensgefühl, das darin besteht, nach Herzenslust Kunde zu sein, bis zum Ende, wenn wir vom professionellen Sterbebegleiter betreut werden und so noch im Tod für Umsatz und Arbeit sorgen. Der Kunde weiß, woran er ist: klare Verhältnisse und keine emotionale Abhängigkeit. Das Leben ist wohltuend auf den kleinsten gemeinsamen Nenner unserer Kultur gebracht, die kollektive Regression in die Kunden-Glückseligkeit.

Doch die Rundumbetreuung durch die Experten entmündigt. Die Verheißungen der Versorgungsindustrie locken uns Stück für Stück vom Terrain unserer Selbständigkeit fort. Eines Tages werden wir uns vielleicht nicht mehr zutrauen, allein auf die Straße zu gehen – wie eine englische Comtesse des 18. Jahrhunderts, die ohne ihre Heerscharen an Bediensteten schlichtweg nicht lebensfähig gewesen wäre.

Die drei Mythen der Arbeit

Profis, wohin man schaut: Profis bei der Arbeit, Profi-Imitate in der Freizeit. Profis, deren private Welt von anderen Profis unterhalten wird, damit sie, die Profis, noch mehr Profi sein können. Wir leben in einer Profigesellschaft, die begierig und gläubig den Verheißungen der Arbeit gefolgt ist, die sich bei näherem Hinschauen schlicht als Mythen entpuppen.

Mythos Nummer eins: Nur in der Arbeit können wir uns selbst verwirklichen. Erst in der Arbeit können wir uns entfalten und unser Potenzial an Begabungen ausschöpfen – so will es zumindest die Legende. Die Realität sieht jedoch für die meisten Berufstätigen anders aus: Ihre Arbeit macht sie einseitig, engt ihren Horizont ein, beraubt sie der Vielfältigkeit des Daseins. Andere Lebensinhalte verkümmern im Schatten des Monolithen Arbeit. Der Beruf ist zur Projektionsfläche für alle denkbaren Bedürfnisse und Sehnsüchte geworden. Wir haben die Institution Beruf mit Sinn und Emotion, Glanz und Bedeutung aufgeladen und sie so weit über ihren eigentlichen ursprünglichen Zweck, den Broterwerb erhoben. Aber die Arbeit kann unsere überzogenen Ansprüche nicht einlösen – im Gegenteil: Der Zauber, den wir ihr verliehen haben, macht uns unfrei. Wie in Goethes Gedicht vom Zauberlehrling hat sich das Mittel zum Zweck erhoben, beherrscht der Diener seinen Herrn.

Mythos Nummer zwei: Erst die Arbeit macht uns zu vollwertigen Mitgliedern der Gesellschaft. Aber ist es nicht oft gerade die Arbeit, die uns von der Gesellschaft ausschließt? Viele, die sich mit ihrer unentwegten Schafferei brüsten, gehören nicht einmal mehr zu ihrer eigenen Familie, geschweige denn zur Nachbarschaft oder einem anderen sozialen Gefüge. Wenn alle so arbeiten würden wie die vermeintlich erfolgreichen Manager – was würde aus unserer Gesellschaft? Was aus dem Stadtteilfest am Wochenende? Wer erzöge unsere Kinder? ... Wie sehr unsere Arbeitshelden ihre sozialen Fähigkeiten eingebüßt haben, wird oft erst klar, wenn sie ihren Job verlieren und dann mühevoll resozialisiert werden müssen. Was ist also diese angeblich durch die Arbeit vermittelte Mitgliedschaft wert? So viel wie ein Pass, wenn man sowieso keine Zeit zum Reisen hat.

Mythos Nummer drei: Arbeit gibt Sicherheit – nicht nur im materiellen, sondern auch in einem tieferen, existenziellen Sinn. Das mag zwar zum Teil stimmen: Arbeit kann uns durchaus vor der Leere des Daseins schützen und unserem Leben Bestätigung, eine Struktur, ein Ziel geben. Aber warum muss das gerade unsere berufliche Arbeit sein? Warum erwarten wir das alles gerade von unserem Job? Und was passiert, wenn der Job plötzlich weg ist? Wie können wir Sicherheit von einer Institution erwarten, die durch und durch wirtschaftlichen Zwängen unterliegt? Wir unterwerfen uns fremden Mechanismen, die ganz andere Ziele als unser Wohlergehen haben. Wir machen uns von dem Zufall abhängig, wem unsere Firma morgen gehören wird. Wir legen unser persönliches Wohl in die Hand des Marktes. Ist es vernünftig, so gänzlich auf einen Arbeitgeber zu bauen, der uns vielleicht schon morgen nicht mehr braucht und ohne viel Federlesens in die Wüste schickt? Im privaten Leben würden wir uns mit so jemand nicht einmal auf einen Flirt einlassen …

Arbeitstiere mit Fluchtgedanken

Aber ungeachtet aller Widrigkeiten steigen die Erwartungen an den Beruf stetig weiter. Immer stärker prägt Arbeit das Lebensprofil und Lebensgefühl der Menschen. Gerade die Jüngeren fordern von ihrer Arbeit ein immer größeres Maß an Sinngebung und Selbstdefinition.

Dennoch kommt man nicht umhin, ebenso eine ganz andere Entwicklung zu verzeichnen, die auf den ersten Blick gar nicht zu den gestiegenen Ansprüchen an die Arbeit passen will: In Meinungsumfragen hat sich herausgestellt, dass nur noch jeder zehnte Berufstätige seine Arbeit für das Wichtigste im Leben hält.[9] Selbst Führungskräfte messen ihrem Beruf weit weniger Bedeutung zu als früher. Drei von vier Jungmanagern planen, für eine Weile oder gar für immer auszusteigen.[10] Fragt man die Menschen, was ihnen wirklich wichtig im Leben ist, kommt die Antwort Arbeit in aller Regel erst gegen Ende. Viel wichtiger sind Freunde, Beziehungen und Freizeit.

Das eigentliche Leben hat für die meisten offensichtlich nicht viel mit Arbeit zu tun. Hält man jedoch den tatsächlichen Einsatz an Zeit, Energie und Aufmerksamkeit dagegen, der im realen Leben auf die Arbeit entfällt, kann man sich nur wundern. Es wirkt fast schizophren: Das eigentliche Leben vermuten wir anderswo, gleichzeitig sind wir mehr denn je an die Arbeit gefesselt. Das moderne Arbeitstier hat den Kopf voller Ausstiegsphantasien.

Der letzte Anker

Aber warum setzen wir die Träume von einem anderen, weniger arbeitsbesessenen Leben nicht in die Tat um? Warum entscheidet man sich bei den vielen kleinen Weichenstellungen des Lebens im Zweifelsfall immer für die Belange der Karriere? Warum folgt man den Verheißungen der Arbeit so blind? Warum werden die Möglichkeiten zu mehr Freiheit, die ja – vor allem in materieller Hinsicht – noch nie so groß waren wie heute, nicht genutzt? – Weil unser Leben trotz aller Möglichkeiten zu Freiheit weiter von Ängsten bestimmt wird, besonders von der Angst, nicht dazuzugehören, wertlos, unnütz und allein zu sein. Wo sonst, außer in der Arbeit, finden wir eine Identität?

Die Welt um die Arbeit herum hat sich in ihre Einzelteile aufgelöst. Zwischenmenschliche Bindungen sind nicht mehr verlässlich, Familie und Beziehungen geben kaum noch Halt, die Nachbarn sind zu unbekannten Wesen geworden, Kirche und Religion erreichen uns nicht mehr. Der moderne Mensch gehört nicht mehr selbstverständlich zur Gemeinschaft, sondern muss sich seine Zugehörigkeit verdienen. Nicht umsonst fällt der Aufstieg der Erwerbsarbeit mit dem Niedergang sozialer Halteapparate wie Stände, Dorfgemeinschaften, Kirche oder Familie zusammen. Der Mensch hat Haus und Hof verlassen und muss nun als Heimatloser um einen Platz in der Gesellschaft, um die Achtung seiner Mitmenschen und um seine Selbstachtung kämpfen. Diesen Kampf tragen wir heute am Arbeitsplatz aus. In einer unverbindlichen Welt bedeutet Arbeit den letzten Anker für das Individuum. Arbeit ist so etwas wie unser letztes Hemd, auf das wir angewiesen sind und das wir nicht aufs Spiel setzen wollen. Im ewigen Widerstreit zwischen Sicherheit und Freiheit ist Letztere unter die Räder geraten. Unsere Träume sind verschreckt und in Deckung gegangen. Im Zweifelsfall sind immer unsere Ängste stärker, denn im Gegensatz zu den Wünschen lassen sie sich nicht aufschieben.

Und so sind wir heillos in Widersprüche verstrickt. Wir wollen anders leben, aber können es nicht. Es geht uns wie den Christen des Mittelalters, die in ihren Alpträumen auch noch lange von ihren längst entmachteten heidnischen Gottheiten heimgesucht wurden und deshalb zur Abschreckung ihre neu errichteten Kirchen mit grässlichen Fratzen bestückten. In ganz ähnlicher Weise übt der Arbeitsgott noch immer Macht auf uns aus, obwohl wir ihm offiziell längst abgeschworen haben.

Kapitel 4

Aus dem Tagebuch eines Aussteigers

Der Arzt

»Manche sind fleißig und scheinen die Arbeit um ihrer selbst willen zu lieben, oder vielleicht, weil sie dadurch vor gröberem Unfug abgehalten werden; diesen habe ich im Augenblick nichts zu sagen …
Ich möchte nur, dass jeder sorgfältig trachtete, seinen eigenen Weg zu finden und nicht stattdessen den seines Vaters, seiner Mutter oder seines Nachbarn.«

Henry David Thoreau

Der Arzt

Eigentlich hätte ich ein fleißiger Mensch werden müssen. Denn mehr als anderswo pflegt man in Schwaben durch Arbeit nicht nur Geld, sondern auch die Anerkennung seiner Mitmenschen zu verdienen. Als protestantischer Chorknabe sang ich eine Vertonung des Psalms »Unser Leben währet siebzig Jahr …und wenn es köstlich gewesen ist, so ist es Müh und Arbeit gewesen«. So wurde mir in der Kirche nahe gebracht, dass wir zum Arbeiten auf der Welt sind. Mein Vater war zwar weder Schwabe noch Kirchenchrist, aber wie viele seiner Generation war er stolz darauf, nach dem Krieg für den Wiederaufbau hart gearbeitet zu haben. Wenn ich in Diskussionen allzu forsch eine eigene Meinung vertrat, empfahl er mir, erst mal was Richtiges zu arbeiten. All diesen Einflüssen konnte ich mich als Jugendlicher nicht entziehen. Ich hatte Ehrfurcht vor den Arbeitshelden um mich herum, die so unendlich viel leisteten, und war entsprechend vom moralischen Wert der Arbeitenden als auch der Arbeit an sich überzeugt.

Aber ganz im Stillen regten sich in mir schon damals Zweifel. So erinnere ich mich an eine Szene, wie mein Vater abends zur *Tagesschau* erschöpft von der Arbeit kam und ich für mich dachte, dass ich später nicht so leben wollte. Und als mein Vater dann in meiner Abiturzeit mit 51 Jahren plötzlich während der Arbeit an einem Herzinfarkt starb, nahm ich mir erst recht vor, einen anderen Weg zu gehen.

Tatsächlich sah es zunächst so aus, als bliebe mir die Wahl dessen, was allgemein der Beruf genannt wird, überhaupt erspart. Zwar begann ich für kurze Zeit ein Jurastudium, aber bald nahm meine Leidenschaft für die Musik überhand. Musik zu machen war für mich keine Arbeit, sondern ein Bedürfnis. Ich empfand, dass ich als Musiker das Glück hatte, nie arbeiten zu müssen, sondern immer spielen durfte. Als freischaffender Musiker war ich zufrieden und kam mühelos zu fast allem, was mir damals wichtig war: Spaß, Anerkennung, Geld und Reisen.

Mit der ersten Festanstellung als Orchestermusiker ließ die Begeisterung jedoch schon bald nach. Durch meinen Arbeitsvertrag hatte ich meine Entscheidungsfreiheit verkauft, wann und wo ich welche Musik spiele. Das Spiel war aus, stattdessen erhielt ich einen

Dienstplan, der mir Termine und Musikstücke vorgab. Die Festanstellung war ein goldener Käfig. Ich wurde gut bezahlt, dafür war ich der Freiheit und Eigeninitiative beraubt. Dirigenten betrachten Orchester als ihr Instrument, dementsprechend fühlte ich mich auf die Existenz einer Klaviertaste reduziert. Das verletzte mich in meiner Eitelkeit. Außerdem kam mir der Musikbetrieb mit der Zeit immer sinnloser vor. Zunehmend spürte ich das Bedürfnis, etwas ›richtig‹ Nützliches zu tun.

Ich entschloss mich, Mediziner zu werden. Das Studium machte mir Spaß, und ich freute mich auf meine spätere Tätigkeit als Arzt. Umso größer war der Schock, als ich als Assistenzarzt wöchentlich bis zu 100 Stunden arbeiten musste und die an und für sich sinnvolle Arbeit zur Tortur wurde und mich aus dem Gleichgewicht brachte. Ich empfand mich als weniger belastbar als meine Kollegen, die einem derartigen Arbeitsmarathon selbstverständlich gewachsen schienen. Ständig war ich müde und unausgeschlafen und dabei doch unruhig und aufgedreht. Ich war unfähig, meine Arbeit aktiv zu gestalten, und reagierte nur noch auf die Anforderungen, die man an mich stellte. Gleichzeitig verlor ich auch das Interesse an allen Dingen, die außerhalb der Arbeit lagen. Aus dieser Mühle wollte ich so bald wie möglich raus.

Die Niederlassung in einer kleinen Praxis, gemeinsam mit meiner Frau, erschien als der ideale Fluchtweg. Indem wir von vornherein darauf verzichteten, besonders viel Geld zu verdienen, hatten wir die Hoffnung, ausreichend Zeit für unsere Patienten, aber auch für einen eigenen Arbeitsrhythmus und uns selbst zu haben. Wir wollten gemeinsame Berufstätigkeit, Familie, kulturelle Interessen und soziale Aktivitäten miteinander verbinden. Die ersten Jahre mit drei kleinen Kindern und dem Aufbau der Praxis waren zwar auch nicht gerade stressfrei, aber wir hatten das Gefühl, auf dem richtigen Weg zu sein. Von Freunden wurden wir beneidet, Beruf und Familie so gut unter einen Hut zu bekommen. Aber manche Vorsätze blieben selbstverständlich auf der Strecke. Die Mitarbeit in einer Gemeinderatsliste verlief im Sand, nachdem ich immer häufiger abends in der Praxis nicht rechtzeitig fertig wurde, um an den Treffen teilnehmen zu können. Auch das reichhaltige kulturelle Angebot einer Universitätsstadt lief weitgehend unbeachtet an uns vorbei. Und wenn uns manchmal alles zu viel war, trösteten wir uns damit, dass die Kinder größer und dann alles besser werden würde …

Die Kinder wurden größer, die Praxis aber auch. Wenn ich erst abends um neun zu einem versprochenen Hausbesuch komme, genieße ich mit gemischten Gefühlen die höchste Anerkennung der Patienten, die sich in dem Satz ausdrückt: »Herr Doktor, sie müssen aber viel arbeiten!« Immer häufiger kämpfen wir mit einem vollen Wartezimmer. Der Zeitdruck vermindert nicht nur die Qualität, sondern auch den Spaß an der Arbeit. Oft bin ich zwar über vieles, was wir erreicht haben, befriedigt. Aber immer häufiger leide ich unter der andauernden Hetzjagd und darunter, ständig verplant zu sein. Ich finde keine Zeit für einen spontanen Spaziergang im Grünen, und ein alter Freund, der zu Besuch kommt, wird zum Störfaktor. Wir bewältigen unseren gut organisierten Alltag Woche für Woche und leben auf die Verschnaufpause des nächsten Wochenendes oder des Urlaubs hin. Natürlich haben wir, verglichen mit den meisten Bekannten, keinen Grund zu klagen. Meine Arbeit ist sinnvoll, und ich gehe gern mit Leuten um. Meist arbeite ich gerne als Arzt und schaue selten neidisch zu anderen Berufen hinüber. Aber ausgerechnet unser Vorsatz, beide berufstätig zu sein, bringt uns zunehmend in Stress. Da sich keiner von uns beiden hauptsächlich um den Haushalt und den Privatbereich kümmert, werden die Familie und alles Private zur Pufferzone, wenn der Arbeitsdruck in der Praxis zunimmt. Häusliche Tätigkeiten lassen sich, besonders bei älter gewordenen Kindern, scheinbar allzu leicht verschieben, rationalisieren oder delegieren. So kam es, dass wir entgegen unseren Vorsätzen wesentlich mehr beruflich arbeiten als unsere Eltern in der Aufbauphase nach dem Krieg.

Allzu viele Aspekte kommen in unserem Leben zu kurz. Immer mehr störe ich mich an dem Wort ›Beruf‹. Ich fühle mich zu vielem berufen, woran mich gerade der so genannte Beruf hindert. Es gibt so viele interessante und wichtige Dinge außerhalb des Berufs, mit denen ich mich gerne beschäftigen würde.

Dazu wird mir zunehmend ein anderes Problem bewusst: Ich bin faul. Ich habe die Neigung, einen Vormittag vor mich hin zu trödeln und nichts Vernünftiges zu tun. Und je länger ich darüber nachdenke, desto mehr tendiere ich dazu, diese Faulheit, diesen Hang zum Müßiggang auch positiv zu interpretieren und ihn zu pflegen. Guten Gewissens das Glück zu genießen, am Frühstückstisch noch etwas länger sitzen zu bleiben und in die wärmende Sonne zu blinzeln. Der moralische Mehrwert, mehr als notwendig zu arbeiten, verblasst für mich zusehends. Tätigsein ist für mich nicht mehr immer besser als Nichtstun.

Irgendwann fing ich an zu rechnen, ab wann ich es mir leisten kann, Geldverdienst nicht mehr als meinen Beruf zu betrachten. Wir hatten viele Jahre lang nicht nur mehr gearbeitet, sondern auch mehr verdient, als wir uns vorgenommen hatten. Und der frühe Tod meiner beiden Eltern hatte mir nicht nur ein materielles Erbe, sondern vor allem die Erkenntnis verschafft, dass es nicht sinnvoll ist, zu viele Hoffnungen auf einen fernen Ruhestand zu verschieben. Statt mir wie andere Besserverdienende eine Ferienwohnung zu leisten, nehme ich mir daher vor, einen ähnlichen Betrag dafür zu investieren, nicht mehr für Geld arbeiten zu müssen. Ich will mir den größten erdenklichen Luxus leisten: Zeit. Zeit, heute das zu tun, was mir heute wichtig ist. Ich will wieder Pfadfinder meines Lebens werden.

Ein wenig habe ich Angst davor, gleichzeitig aber das Gefühl, dass es befreiend sein wird. Manchmal fürchte ich mich zwar vor den aggressiv vorgetragenen Vorwürfen gegenüber dem Faulpelz, der jetzt seine Frau alleine arbeiten lässt. Aber mittlerweile habe ich mir die schnoddrige Antwort zurechtgelegt, dass ich meinen

Arbeitsplatz einem anderen zur Verfügung stelle, um so zur Lösung des Arbeitslosenproblems beizutragen. Den vielen moralischen Einwänden entgegne ich, dass es mehr als tausend weniger sozialverträglichere Methoden gäbe, meine Ersparnisse zu nutzen.

Andere Fragen sind offen. Werde ich in ein tiefes Loch fallen, wenn mein Tagesablauf nicht mehr wie bisher durch äußere Strukturen vorgegeben sein wird? Wird mir die allgemeine Anerkennung fehlen, die mir als fleißigem Menschen entgegengebracht wurde? Werde ich mich mit Nebensächlichkeiten verzetteln?

Aber insgesamt ist meine Vorfreude gewaltig. Auf einen eigenen Rhythmus, auf ein paar dicke Bücher, auf viele noch unbekannte Musikstücke, auf Ruhe statt Ausruhen und auf die Zeit, Neues auszuprobieren. Nicht erst erschöpft von einem Arbeitstag, sondern ausgeschlafen das zu tun, was mir gerade heute wichtig ist und Spaß macht. Aber auch in der Familie einfach da zu sein, nichts Wichtigeres zu tun zu haben, wenn gerade ein Problem ansteht. Wer mich in Zukunft nach meinem Beruf fragt, wird an verschiedenen Tagen verschiedene Antworten hören: Hausmann, Amateur, Politiker, Privatier, Müßiggänger, Spaziergänger, Radfahrer oder Musiker. Ich denke, es wird mir noch mehr einfallen.

Kapitel 5

Die lange Geschichte der Arbeit und die kurze Geschichte ihrer Verherrlichung

Der Anfang unserer Kultur: Arbeit macht unfrei · Die Tonne des Diogenes · Arbeit in der Bibel: Lernt von den Lilien ... · Arbeit im Mittelalter: Buße für die Sünden des Menschengeschlechts · Jedes Ding hat seine Zeit · Die protestantische Wende: Zeit wird Geld · Puritanismus: Ein Kamel kommt durchs Nadelöhr · Time is money · Aufklärung und bürgerliche Revolution: Neuer Glanz für den Heiligenschein der Arbeit · Der Triumph der Rastlosigkeit · Genug ist nicht genug: Die neue Moral des 19. Jahrhunderts · Die Religion der Industrialisierung · Die letzten Griechen: Privatiers und Honoratioren · Die arbeitslosen Helden der Literatur · Paul Lafargue und das Recht auf Faulheit · Arbeit im Realsozialismus: Aus Revolutionären werden Arbeitshelden · Nationalsozialismus und Wiederaufbau: Arbeit macht frei · Emanzipation und Frauenarbeit · Es ist vollbracht: Die neue Lust an der Arbeit · Zurück zu den Griechen

»Was ist das für eine Regel? Je mehr zeitsparende Maschinen es gibt, desto mehr steht der Mensch unter Zeitdruck.«

Sebastian de Grazia

»Jesus is coming – Look busy!«

Amerikanischer Autoaufkleber

Kaum ein Begriff ist im Laufe der Jahrhunderte aus so tiefen Niederungen zu so viel Glanz aufgestiegen wie die Arbeit. Im gesamten westlichen Kulturkreis ist Arbeit – etymologisch gesehen – zunächst ganz und gar ein Kellerkind. Im Altgriechischen bedeutet das für Arbeit stehende Wort *ponos*, von dem sich das französische *peine* und das deutsche *Pein* ableiten, Mühe, Qual oder Leid.[1] Das lateinische Wort *labor*, das in dem englischen Begriff für Geburtswehen eine besonders sinnfällige Ableitung findet, steht häufig auch für Armut, Krankheit und Bedrückung. Auch das französische Wort *travail* ist eher düsterer Herkunft; es geht auf das galloromanische *tripaliare* – zu Deutsch *quälen* – zurück.

Unser deutscher Begriff Arbeit kommt wahrscheinlich von dem indogermanischen Verb *orbho*, das etwa *verwaistes, zu schwerer körperlicher Arbeit verdingtes Kind* heißt.[2] Bis ins Neuhochdeutsche hinein wird Arbeit mit Mühsal, Plage und Not gleichgesetzt. Erst im ausgehenden Mittelalter verliert der Begriff seine negative Bewertung und bedeutet nun schlicht und einfach *zweckgerichtete Beschäftigung*. Ab dem 18. Jahrhundert ist der Begriff Arbeit positiv besetzt, und seine vollständige Erhebung in den Gnadenstand lässt nicht mehr lange auf sich warten. Heute kann man mit seiner Hilfe sogar Wahlen gewinnen: Das Wort *Arbeit* fehlt neben *Zukunft* und *Sicherheit* auf keinem Wahlplakat.

Der Anfang unserer Kultur: Arbeit macht unfrei

Aber blicken wir erst einmal zurück auf die weniger glanzvollen Anfangszeiten. Durch die ganze griechische und römische Antike hindurch bis weit ins Mittelalter hinein galt Arbeit als etwas, was dem guten, eigentlichen Leben im Wege steht. Arbeit stellte ein Hemmnis für die Entwicklung des Menschen zu einem geistigen, religiösen und politischen Wesen dar, ein Übel, dem man sich allenfalls aus existenzieller Not oder purer Geldgier hingab.

Hierzu bemerkte Aristoteles kurz und bündig: »Arbeit und Tugend schließen einander aus.«[3] Diese für unser modernes Empfinden schwer nachvollziehbare Haltung wird verständlicher, wenn man sich den absoluten Vorrang des kontemplativen vor dem tätigen Leben in der Philosophie der Antike vor Augen führt: Nur in der Kontemplation, dem Zustand der inneren Ruhe, kann der Mensch eins werden mit der Natur und dem Kosmos und dadurch in der Lage sein, die ewigen Wahrheiten zu erkennen.

Aristoteles vergleicht den Gegensatz zwischen Kontemplation und Tätigsein mit dem Unterschied zwischen Frieden und Krieg: So wie der Krieg um des Friedens willen stattfinde, so müsse jede Art von Tätigkeit, selbst das Denken, letztlich im Dienst der Ruhe stehen und in ihr gipfeln. Noch im Lateinischen wird das Wort *Tätigkeit* negativ mit *neg-otium*, also *Un-Ruhe*[4], bezeichnet.

Zum guten Leben gehörte für die klassischen Philosophen der Vorsatz, den notwendigen Verrichtungen des Alltags den kleinstmöglichen Platz einzuräumen. Nur wer das Reich der Notwendigkeit hinter sich gebracht hatte, konnte sich dem ersehnten Reich der Freiheit zuwenden, also der Muße, die von Sokrates als Schwester der Freiheit bezeichnet wurde. Den niederen, manuellen Tätigkeiten wurde nachgesagt, dass sie den Geist abstumpfen und den Charakter verderben. Sie wurden deshalb nach Möglichkeit Sklaven, Frauen oder Ausländern überlassen.

Die Tonne des Diogenes

Ein probates Mittel, um den Niederungen der ökonomischen[5] Notwendigkeiten zu entkommen und im Gegenzug innere Freiheit und Ausgeglichenheit zu erlangen, war die Beschränkung der materiellen Bedürfnisse.

Der berühmte Philosoph Diogenes, der sein Dasein fast ohne Kleider und Nahrung in einer Tonne fristete, lebte seinen Zeitgenossen in sehr sinnfälliger Weise das freie Leben der Askese vor. Selbst der weltlichen Genüssen bekanntermaßen nicht abgeneigte Epikur schrieb: »Wir halten auch die Selbstgenügsamkeit für ein großes Gut, nicht um uns in jedem Fall mit Wenigem zu begnügen, sondern damit wir, wenn wir das Viele nicht haben, mit dem Wenigen auskommen, in der echten Überzeugung, dass jene den Überfluss am süßesten genießen, die seiner am wenigsten bedürfen …«[6]

Das Streben nach Unabhängigkeit sowohl von den äußeren Bedingungen als auch von den Mitmenschen spiegelt sich auch in der Bewertung der unterschiedlichen Tätigkeiten wider: So genoss der freie Landwirt, der nur auf die Gunst der Götter und des Wetters angewiesen war, einen höheren Status und eine gewisse gesellschaftliche Achtung. Dagegen blieb den Handwerkern, den so genannten Banausen, Anerkennung meist verwehrt, da sie in Abhängigkeit von Auftraggebern lebten und ihre Arbeit verkaufen mussten. Sich für Geld zu verdingen wurde als freiwillige Sklaverei empfunden und entsprechend geächtet. Der Lohnarbeiter stand deshalb im gesellschaftlichen Ansehen noch unter dem Sklaven, der ja immerhin gezwungen war, sich zu erniedrigen.

Selbstverständlich konnte sich so eine despektierliche Haltung zur Arbeit nur leisten, wer andere für sich einspannen konnte. Das freie, müßige Leben war ein elitäres Privileg, das nur in einer feudalen Gesellschaft existieren konnte. Aristoteles selbst ist sich dieser Tatsache wohl mit einem gewissen Unbehagen bewusst gewesen, als er schrieb: »Wenn die Weberschiffe selbst webten ... dann freilich bedürfte es für die Meister nicht der Gehilfen und für die Herren nicht der Sklaven.«[7] Er kann natürlich nicht geahnt haben, dass genau diese Situation einmal mit der Industrialisierung Wirklichkeit werden würde.

Arbeit in der Bibel: Lernt von den Lilien ...

Während sich die griechischen und römischen Philosophen oft und gerne über das Verhältnis von Arbeit und Leben äußerten, nimmt dieses Thema in der Bibel keinen breiten Raum ein. In der Schöpfungsgeschichte – wie im Übrigen in vielen anderen Schöpfungsmythen auch – wird die Arbeit als Fluch zu den Menschen gesandt: Als Strafe für den Sündenfall muss der Mensch sein Brot im Schweiße seines Angesichts verdienen.[8]

Im Neuen Testament ist Arbeit nicht mehr als eine selbstverständliche Notwendigkeit, der man nicht zu viel Bedeutung beimessen soll. Sorgen soll sich der Mensch ausschließlich um sein Seelenheil. Auf sehr poetische Weise wird dies in der Bergpredigt ausgedrückt: »Lernt von den Lilien, die auf dem Feld wachsen: sie arbeiten nicht und spinnen nicht. Doch ich sage euch: Selbst Salomo war in all seiner Pracht nicht gekleidet, wie eine von ihnen.«[9]

Überhaupt fehlt in der Bibel jeder Hinweis darauf,

dass Jesus je einer Arbeit – im Sinne unseres heutigen Verständnisses – nachgegangen ist. Die Behauptung, er sei von Beruf Zimmermann gewesen, ist eine neuzeitliche Fabel. Der Beruf als Berufung war seiner Geisteswelt fremd – erst Luther sollte anderthalb Jahrtausende später den Begriff in diesem Sinne prägen. Beim Betrachten der biblischen Begegnung mit den Schwestern Maria und Marta wird deutlich, welche Prioritäten Jesus setzte: »Als Jesus und seine Jünger weiterzogen, kamen sie in ein Dorf, in dem er von einer Frau mit Namen Marta gastlich aufgenommen wurde. Sie hatte eine Schwester mit Namen Maria, die setzte sich zu Jesus und hörte ihm zu. Marta dagegen hatte alle Hände voll zu tun. Sie trat zu Jesus und sagte: ›Herr, kümmert es dich nicht, dass mich meine Schwester die ganze Arbeit allein tun lässt? Sag ihr doch, dass sie mir helfen soll.‹ Der Herr antwortete ihr: ›Marta, Marta, du sorgst und mühst dich um so viele Dinge, aber nur eins ist notwendig. Maria hat das Bessere gewählt und das soll ihr nicht weggenommen werden.‹«[10]

Es war Paulus, der die Belange des diesseitigen Lebens mehr in den Vordergrund rückte und den berühmten Satz »Wer nicht arbeiten will, soll auch nicht essen«[11] prägte, worin sich allerdings weniger eine besondere Wertschätzung der Arbeit als der Wunsch nach der Gleichbehandlung aller Gemeindemitglieder ausdrückte. Ansonsten war Paulus, genau wie Jesus, unendlich weit von jenem gottwohlgefälligen Schaffensdrang entfernt, der sich anderthalb Jahrtausende später unter Berufung auf die Bibel durchsetzen sollte.

Arbeit im Mittelalter: Buße für die Sünden des Menschengeschlechts

Das wirtschaftliche Desaster, das der Niedergang des römischen Weltreiches mit sich brachte, entzog der müßiggängerischen Oberschicht weitgehend die Lebensgrundlage. Nach den fröhlichen Tagen der Antike gewann nun eine ganz auf das Jenseits gerichtete, weltabgewandte Lebenshaltung die Oberhand. Das Leben wurde im frühen Mittelalter als irdisches Jammertal aufgefasst, in dem Arbeit einer gerechten Strafe für die Sünden des Menschengeschlechts gleichkam und ohne Murren ertragen werden musste.

Im mönchischen Leben wurde hartes Arbeiten zur Bußübung par excellence. Trotzdem aber stellte der heilige Benedikt Anfang des sechsten Jahrhunderts in seinem berühmten Motto »Ora et labora« die *oratio*, das Gebet, noch vor die Arbeit. Dabei war die Menge an Arbeit, die der Ordensgründer seinen Mönchen auferlegte, nach unseren heutigen Maßstäben beurteilt eher bescheiden. Im Übrigen existierten während des ganzen Mittelalters durch Theologen wie Thomas von Aquin legitimierte Bettelorden, die sich durch keinerlei Arbeit von einem kontemplativen, Gott wohlgefälligen Leben abhalten ließen.

Das späte Mittelalter brachte eine allmähliche wirtschaftliche Erholung mit sich. Neben der weiterhin vorherrschenden Selbstversorgungslandwirtschaft begann sich der Handel wieder zu entwickeln. In den Städten entstand eine meist in Zünften hierarchisch organisierte und streng reglementierte Handwerkerschaft, in der sich bereits eine gewisse Identifikation mit der Arbeit herausbildete. So wurde es im zwölften Jahrhundert üblich, den Nachnamen aus der Berufsbezeichnung abzuleiten. Hier also liegen die Wurzeln der Müllers, Maiers und Schmidts unserer Tage. Die Zunftordnungen setzten sowohl die Preise der Werkstücke als auch die Löhne fest. Sie behinderten damit Konkurrenz und Innovation und ermöglichten den Handwerkern ein relativ auskömmliches und geruhsames Arbeiten.

Jedes Ding hat seine Zeit

Überhaupt kann das Arbeiten in der vorindustriellen Zeit, besonders in der Landwirtschaft, in der ja der weitaus größte Teil der Bevölkerung arbeitete, kaum mit dem verglichen werden, was wir heute darunter verstehen. Arbeitszeit und -rhythmus wurden ganz von der Natur vorgegeben. Sommers wurden intensiv die Felder bearbeitet, während man sich im Winter auf die faule Haut legen konnte. Dazu kam, dass der mittelalterliche Kalender voller Feiertage jedweder Art war. Nach Juliet Schor[12] war im mittelalterlichen England jeder dritte Tag ein Feiertag. Noch das Ancien Régime in Frankreich garantierte neben den 52 Sonntagen 128 Feier- und Ruhetage, von denen 38 nach der Revolution im Jahre 1789 wieder abgeschafft wurden, obwohl durch die Einführung der Zehn-Tage-Woche ohnehin schon jeder dritte Sonntag weggefallen war.

Auch die Tatsache, dass Reichtum – noch ganz dem urchristlichen Sinn entsprechend – im Mittelalter verpönt und anrüchig war, setzte einem übertriebenen Arbeitseifer Grenzen. Der mittelalterliche Mensch hatte »einfach kein rechtes Verhältnis zum Geld«[13], oder anders formuliert »zur wirtschaftlichen Tätigkeit seelisch etwa dieselben Beziehungen wie das Kind zum Schulunterricht«.[14] Materieller Wohlstand galt den wirklich frommen Menschen als Ausdruck sündiger Diesseitigkeit. Das Streben nach Fortschritt und einer Verbesserung der Lebensbedingungen kam in den Augen der damals Lebenden einem Aufbegehren gegen die natürliche, gottgegebene Weltordnung gleich.[15]

Das Idealbild der spätmittelalterlichen Gesellschaft entwarf 1330 der Künstler Ambrogio Lorenzetti auf seinem großen Wandgemälde *Die Effekte guter Regierung* im Rathaus von Siena: Dargestellt sind die Stadt und ihr Umland. Zahlreiche Menschen sind zu sehen, die gemächlich und ohne Hast ihrer Arbeit nachgehen. Andere stehen in kleinen Gruppen beieinander und unterhalten sich. Auf dem Marktplatz wird ein Reigen getanzt, und eine kleine Prozession zieht ihres Weges. Lorenzetti malte das Bild einer Gesellschaft, in der jeder Mensch und jede Sache den ihnen zugewiesenen Platz besitzen, was auch die Arbeit einschließt.

Die protestantische Wende: Zeit wird Geld

Den ersten Stein aus dem fest gefügten Gebäude der mittelalterlichen Lebens- und Arbeitsordnung löste zu Beginn des 16. Jahrhunderts der ehemalige Augustinermönch Martin Luther. Ohne es zu ahnen, steuerte er mit seiner Neubewertung der menschlichen Arbeit eine unabdingbare Grundlage zur Entwicklung des kapitalistischen Wirtschaftssystems bei.

Luther setzte eine der folgenschwersten Sprachschöpfungen der Geschichte in die Welt, indem er die vollkommen wertneutral als Arbeit bezeichneten Tätigkeiten mit dem Wort »Beruf« übersetzte.[16] Ironischerweise trugen so – durch die Prägung des modernen Berufsbegriffs – ausgerechnet die um das reine Wort des Evangeliums bemühten Protestanten zur Entfernung vom urchristlichen Geist bei.

Max Weber hat in seinen *Aufsätzen zur protestantischen Ethik* beschrieben, wie einschneidend sich das Verständnis von Arbeit durch die von Martin Luther geprägte Vorstellung vom Beruf verändert hat. Eine Tätigkeit, die bisher als »sittlich indifferent wie Essen und Trinken«[17] angesehen wurde, wird nun eine von Gott auferlegte, heilige Pflicht, eine *Berufung*. »Der Mensch ist zur Arbeit geboren, wie der Vogel zum Fliegen.«[18] Dabei ging es Luther nicht um die Inhalte der Arbeit, sondern um die Tatsache der Pflichterfüllung: »Wenn du eine geringe Hausmagd fragst, warum sie das Haus kehre, die Schüsseln wasche, die Kühe melke, so kann sie sagen: Ich weiß, dass meine Arbeit Gott gefällt.«[19]

Müßiggang, das Lebensideal sowohl der Antike als auch des Mittelalters, ist für den Tatmenschen Luther – dem als Vater von fünf Kindern auch die praktischen Belange des Lebens nicht fremd waren – ein Werk des Teufels. Kurz und bündig erklärt er: »Müßiggang ist Sünde wider Gottes Gebot, der hier Arbeit befohlen hat. Zum anderen sündigst du gegen deinen Nächsten.«[20] Damit leitete er die auf das Jenseits gerichteten Lebensenergien des mittelalterlichen Menschen zurück in das Diesseits und schuf so eine der Voraussetzungen für unsere heutige fleißige, industrielle Welt.

Aber obwohl Luther das Arbeitsethos grundlegend erneuert hat, war sein wirtschaftliches Denken noch ganz in der Welt des ausgehenden Mittelalters verhaftet. So stellte er die ständische Ordnung, die jedem Menschen einen festen Platz in der Gesellschaft zuwies, keineswegs in Frage. Auch lehnte er, im Einklang mit der zeitgenössischen kirchlichen Doktrin, das Streben nach persönlicher Bereicherung und die Verleihung von Geld gegen Zinsen – beides Voraussetzungen für das kapitalistische Wirtschaften – als unvereinbar mit dem Gnadenstand ab.

Puritanismus: Ein Kamel kommt durchs Nadelöhr

Einen entscheidenden Schritt weiter ging der Puritanismus[21], der sich gewissermaßen als zweite Welle der Reformation im 17. und 18. Jahrhundert über weite Teile des nördlichen und westlichen Europas ausbreitete. Für die Puritaner galt wirtschaftlicher Erfolg als ein Zeichen des Erwähltseins durch Gott. Gleichzeitig aber waren der Genuss und die Zurschaustellung von Reichtum verpönt.[22] Dieser Werte-Mix aus Arbeitskult und Selbstkasteiung begründete die nicht ganz widerspruchsfreie Handlungsmaxime, dass der Mensch zwar hart arbeiten solle, den dadurch verdienten Reichtum aber keinesfalls genießen dürfe.

Die urchristliche Vorstellung, dass eher »ein Kamel durch ein Nadelöhr, als ein Reicher in den Himmel komme«[23], wurde in ihr Gegenteil verkehrt. Von nun an war es geradezu eine heilige Pflicht, wohlhabend zu sein: »Wenn Gott euch einen Weg zeigt, auf dem ihr ohne Schaden für eure Seele oder für andere in gesetzmäßiger Weise mehr gewinnen könnt als auf einem anderen Wege, und ihr dies zurückweist und den minder gewinnbringenden Weg verfolgt, dann kreuzt ihr einen der Zwecke eurer Berufung, ihr weigert euch, Gottes Verwalter zu sein und seine Gaben anzunehmen [...].«[24] Das wirtschaftliche Streben erwuchs zum Selbstzweck des irdischen Lebens überhaupt: »Man arbeitet nicht allein, dass man lebt, sondern man lebt um der Arbeit willen, und wenn man nichts mehr zu arbeiten hat, so leidet man oder entschläft.«[25]

Mit der Ausbreitung des Puritanismus wurde der Boden für das kapitalistische Zeitalter bestellt – nicht nur, dass der Geschäftsmann der Gründerzeit nun gutes Geld mit gutem Gewissen machen konnte –; mit der Etablierung von Fleiß und Ordnungssinn als Grundtugenden bereitete der Puritanismus den Weg für die reibungslose industrielle Produktion: eine abstinente, saubere, arbeitsame Belegschaft bildete sich heraus. Aber es sollte noch besser kommen.

Time is money

Mit dem kurzen Satz »Time is money« brachte der Politiker und Erfinder Benjamin Franklin das puritanische Credo der unbedingten Strebsamkeit auf den Punkt. Zeit wurde, ganz so wie Geld, zum knappen Gut. Von nun an hatte der moderne Mensch keine Zeit mehr zu verlieren. Und Franklin lieferte auch gleich die Begründung: »...wer täglich 10 Schillinge durch seine Arbeit erwerben könnte und den halben Tag spazieren geht oder auf seinem Zimmer faulenzt, der darf, auch wenn er nur 6 Pence für sein Vergnügen ausgibt, nicht dies allein berechnen, er hat neben dem noch 5 Schillinge ausgegeben oder vielmehr weggeworfen. [...] Wer nutzlos Zeit im Wert von 5 Schillingen vergeudet, verliert 5 Schillinge und könnte ebenso gut 5 Schillinge ins Meer werfen.«[26]

Bemerkenswert ist, wie rational sich Franklins Argumentation gibt, obwohl doch, »vom persönlichen Glücksstandpunkt aus angesehen, [das] so Irrationale dieser Lebensführung«[27] offensichtlich ist und der vorkapitalistische Mensch in ihr kaum etwas anderes gesehen hätte als das »Produkt perverser Triebe«.[28] Noch heute, 250 Jahre nach ihrer Niederschrift, hallen Franklins Worte im kollektiven Unterbewusstsein unserer Kultur wider wie ein Fluch: »Bedenke, dass die Zeit Geld ist …«

Aufklärung und bürgerliche Revolution: Neuer Glanz für den Heiligenschein der Arbeit

Nachdem die Reformation der Arbeit einen spirituellen Mehrwert verliehen hat, kommt im ausgehenden 18. und im 19. Jahrhundert ein Bedeutungsschub aus einer ganz anderen Richtung hinzu. Für die Epoche der Aufklärung ist die Arbeit »der Garant für Fortschritt, Vernunft und Aufklärung, für gesellschaftliches Glück und Glück des Einzelnen«.[29] Auch in Deutschland fallen diese Gedanken auf fruchtbaren Boden, und schon 1799 gibt Schiller im *Lied von der Glocke* den Ton vor:

»Arbeit ist des Bürgers Zierde
Segen ist der Mühe Preis
Ehrt den König seine Würde
Ehret uns der Hände Fleiß.«

So wie sich Martin Luther kritisch gegen den Müßiggang der mittelalterlichen Mönche abgegrenzt hatte, wird nun das geruhsame Leben des Adels Zielscheibe der Kritik. Marx und Engels schreiben 1848, dass die bürgerlichen Revolutionen den »Sieg der Industrie über die heroische Faulheit« markiere, wobei mit Industrie auch im etymologischen Sinne ganz wörtlich Fleiß gemeint war.[30]

Die Revolutionen von 1848 fordern das Recht auf Arbeit in einem Atemzug mit den Menschenrechten, und die sozialistische Revolution findet von vornherein im Namen der arbeitenden Klasse statt. Liberale wie Kommunisten entdecken das revolutionäre Potenzial der Arbeit – zu Recht: In einer Gesellschaft, in der die individuellen Chancen nach Kriterien wie der hohen oder niederen Geburt verteilt sind, trägt die Aufwertung von Arbeit und Leistung eine systemsprengende Wirkung in sich. – Nur in einer Ordnung, die Arbeit wertschätzt, ist es einem Olivenbauern wie Gianni Agnelli möglich, ein Industrieimperium wie Fiat aufzubauen und einer der einflussreichsten Männer seiner Zeit zu werden. Das Erfolgsrezept der Revolutionäre ist simpel, aber effizient: Sie versetzen dem Adel den Todesstoß, indem sie die Arbeit für adlig erklären. Wenn wir uns das jahrhundertelange Schattendasein der Arbeit vor Augen führen, eine wahrhaft revolutionäre Umdeutung der Werte.

Der Triumph der Rastlosigkeit

Mit der Industrialisierung bricht die Arbeit in einer bis dahin unbekannten Brutalität über die Menschen herein, die eben noch als Bauern ein, wenn auch karges, so doch einigermaßen geruhsames Leben in der Dorfgemeinschaft geführt hatten. Auf Grund der Bevölkerungsexplosion und der raschen Produktivitätssteigerung in der Landwirtschaft ändert sich dies innerhalb weniger Jahre: Landlos und ohne eigene Existenzgrundlage, wie sie sind, haben die Landflüchtigen meist keine andere Wahl, als sich auf die Bedingungen der Fabrikbesitzer einzulassen, die in der ersten Hälfte des 19. Jahrhunderts tägliche Arbeitszeiten von bis zu 16 Stunden durchsetzen.

Die in den Fabriken geforderte Unterwerfung unter die starren Maschinenlaufzeiten und die militärisch strenge Arbeitsorganisation wurden überhaupt erst durch zwei technische Neuerungen möglich. Dank der Verbreitung des elektrischen Lichts kann nun rund um die Uhr gearbeitet werden, sommers wie winters. Und auch eine andere, auf den ersten Blick unscheinbare Erfindung verändert radikal das Gesicht der Arbeit: die Uhr. Mit der allgemeinen Verfügbarkeit der exakten Zeitmessung setzt sich die objektive und kontinuierliche Maschinenzeit gegenüber dem jeweils eigenen subjektiven Zeitempfinden durch, und Arbeit wird zu einer durch Geld entlohnten Tätigkeit von definierter Dauer. Gleichzeitig wird die Freizeit als die von Arbeit freie Zeit geboren: Von nun an ist das Leben in zwei voneinander strikt getrennte Sphären aufgeteilt. Nichts wäre dem vorindustriellen Menschen fremder gewesen als diese Etikettierung der Zeit. Damals arbeitete man, wenn eine Aufgabe anstand und das Wetter es zuließ. Zwischendurch oder nebenher wurde gespielt, geredet und gesungen.

In ihrer Mentalität allerdings bleiben die frühen Industriearbeiter dieser traditionellen Lebensweise, in der das Bedürfnis nach Geselligkeit mehr Platz einnimmt als die Sorge um Qualität und Effizienz, noch lange verhaftet. Mit Zuckerbrot und Peitsche versuchen die Fabrikbesitzer, ihren Untergebenen den gemächlichen Arbeitstrott vergangener Jahrhunderte auszutreiben. So wird der seit dem Mittelalter verbreitete Brauch des blauen Montags vehement bekämpft. Dieses Gewohnheitsrecht erlaubte den Handwerksgesellen, an diesem Tag private Besorgungen oder Geschäfte zu erledigen oder aber Versammlungen abzuhalten. Allgemein wurde der blaue Montag aber vor allem genutzt, um sich von sonntäglichen Alkoholexzessen zu erholen oder diese fortzuführen. In Traktaten des 19. Jahrhunderts wird immer wieder verdammt, »dass der blaue Montag heiliger gehalten wird als der Sonntag.«[31]

Die Schwierigkeiten, die vorindustriellen Menschen zu Maschinenarbeitern umzuerziehen, sind wahrscheinlich vergleichbar mit denen, einem Erstklässler beizubringen, eine Stunde still auf einem Stuhl zu sitzen. Disziplinprobleme sind denn auch der Hauptgrund für die ersten Fabrikpleiten. Viele Fabrikanten stellen deshalb bevorzugt Kinder ein, da diese als unverdorbener und leichter erziehbar gelten. Mit Vorliebe werden auch protestantische Arbeiter beschäftigt, denen die Arbeit eine heilige Pflicht ist.

Genug ist nicht genug: Die neue Moral des 19. Jahrhunderts

Nicht selten finden sich die Fabrikanten nach der Auszahlung des ersten Wochenlohnes ohne Arbeitskräfte wieder, weil viele Arbeiter ihre Maschinen im Stich lassen, sobald sie genügend Geld verdient haben. Die Industriearbeiter der ersten Stunde sind noch ganz von ihrer traditionellen Kultur geprägt, in der man genug hat, wenn man so viel besitzt, wie man schon immer für sein Auskommen benötigt hat. Erst langsam sollte dieses *Genug* durch das uns allen vertraute *Mehr* – Ziel und Voraussetzung des kapitalistischen Wirtschaftens – verdrängt werden.

In dieser Situation beschreiten die Unternehmer zunächst den nächstliegenden Weg und schaffen über Akkordlöhne einen Anreiz zur Mehrarbeit. Das führt jedoch zu dem paradoxen Ergebnis, dass noch weniger gearbeitet wird, da die Arbeiter nun noch schneller das Notwendige beisammenhaben. Schließlich wird deshalb die Verringerung des Lohnes zum probaten Mittel erkoren, die Moral zu steigern. Die Löhne werden so niedrig gehalten, dass sie gerade für den unmittelbaren Lebensunterhalt ausreichen. In einem Bericht an die britische Krone aus dem Jahre 1747 wird dazu erklärt: »Es ist eine wohl bekannte Tatsache, dass ein Arbeiter, der seine Lebenserfordernisse mit drei von sieben Wochentagen Arbeit bestreiten kann, sich für den Rest der Woche dem Müßiggang und der Trunksucht hingeben wird. […] Wir können furchtlos sagen, dass eine Minderung der Löhne in der Manufaktur eine Segnung und eine Wohltat für die Nation sein und den Armen keinen wirklichen Schaden zufügen wird.«[32]

Überhaupt gewinnt die Arbeit als Mittel zur moralischen Besserung der niedrigen Schichten hohes Ansehen. Für die Obrigkeit ist Arbeitsamkeit geradezu ein Garant für Recht und Ordnung und wird deshalb heftig gefordert und gefördert. Das französische Staatsoberhaupt, Napoleon, schreibt in einem Brief von 1807: »Je mehr meine Völker arbeiten, umso weniger Laster wird es geben. Ich bin die Autorität … und ich wäre geneigt zu verfügen, dass sonntags nach vollzogenem Gottesdienst die Geschäfte wieder geöffnet werden und die Arbeiter wieder ihrer Beschäftigung nachgehen sollen.«[33]

Nicht weniger deutlich drückt sich Wilhelm II. von Preußen 1890 unter der Überschrift *Vorschläge zur Verbesserung der Arbeiter* aus: »Würden ein Normalarbeitstag von acht Stunden, ein Ausschluss jeder Frauenarbeit, die weitgehende Beschränkung der Kinderarbeit […] herbeigeführt werden, so ist in sittlicher Beziehung zu befürchten, dass der erwachsene Arbeiter seine freie Zeit im Wirtshaus zubringt, dass er mehr als bisher an agitatorischen Versammlungen teilnimmt, mehr Geld ausgibt und, obwohl der Lohn derselbe bleiben wird wie für den bisherigen Arbeitstag, doch nicht zufrieden ist.«[34]

Während die große Masse der Industriearbeiter des 19. Jahrhunderts – wie in den Romanen von Charles Dickens und in den Schriften von Friedrich Engels eindrücklich beschrieben – in menschenunwürdigen Zuständen lebt, entwickelt sich im Bürgertum eine neue Menschenspezies, die sich Franklins Rat zu Herzen genommen hat und es zu etwas bringen will. Diese aufstrebende Unternehmerschicht ist bis in die Haarspitzen vom puritanischen Geist durchtränkt und kennt neben dem Erwerbsstreben nur eine Obsession: alle sonstigen Triebe rücksichtslos zu bekämpfen. Einen entsprechend hohen Stellenwert genießen hierbei Werte wie Zucht, Fleiß, Strebsamkeit, Ordnung und Disziplin.

Der Arbeit wird eine geradezu inbrünstige Verehrung entgegengebracht. Die Bekenntnisse zu dieser neuen Religion in Gedichten, Sprichwörtern oder moralisierenden Traktaten sind ebenso zahlreich wie eintönig. So schreibt der Entdecker der Bakterien, Louis Pasteur: »Ein Tag ohne Arbeit würde mir wie Diebstahl vorkommen.« Ganz im Sinne des puritanischen Credos muss Zeit unentwegt durch Arbeit genutzt werden. Selbst der Schlaf gerät unter Verdacht, dem moralischen Verfall Vorschub zu leisten. So erklärt der Pariser Professor Pierre Foissac 1863: »Der Schlaf bedeutet eine enorme Zeitverschwendung, er ist das größte Hindernis für das Vollbringen von Werken, in einem Leben, das ohnehin schon zu kurz ist.«[35]

Natürlich wird die von den Moralisten gepredigte

Emsigkeit nicht von allen Bürgern umgesetzt – der bürgerlichen Arbeitsmoral sollte es nicht besser ergehen als der bürgerlichen Sexualmoral. Zumindest ein Teil des Bürgertums versteht es, die für die Arbeiterschaft geltenden überlangen Arbeitszeiten für sich selbst zu vermeiden, und lernt, sich hinter der Fassade nimmermüden Fleißes Nischen des Müßiggangs zu erhalten. Das bürgerliche Ideal des humanistisch umfassend gebildeten Menschen wäre auch kaum vereinbar mit einem 16-stündigen, kräftezehrenden Arbeitstag, der deshalb dem ungebildeten Volk vorbehalten bleibt.

Bei allen Bekenntnissen zur Arbeit wird körperliche Arbeit von den Bessergestellten als unter ihrer Würde angesehen. Bürgerliche Arbeit ist Schreibtischarbeit, mit dem verschwitzten Proletarier will man sich keineswegs gemein machen. Noch heute schlägt sich diese Attitüde in der Unterscheidung zwischen Arbeitern und Angestellten nieder – die Klassengesellschaft des 19. Jahrhunderts lässt grüßen.

Für die Frau von Stand ist jede Art von Erwerbsarbeit verpönt. Den vom sittlichen Verfall stets bedrohten Frauen der niederen Schichten dagegen soll sie die Aufrechterhaltung der Moral gewährleisten.

Der Schaffensdrang der bürgerlichen Frauen scheint dem ihrer Männer jedoch kaum nachzustehen, wenn man Schillers oben schon zitierter *Glocke* Glauben schenken darf:

»Und drinnen waltet die züchtige Hausfrau [...]
und reget ohn Ende die fleißigen Hände.«

Die Arbeit ist damit zum Leitstern der Gesellschaft geworden, zum Wert an sich. Sie ist nicht nur für die aufstrebende Wirtschaft von größtem Vorteil, sondern auch für jeden Einzelnen, und zwar für den Geldbeutel genauso wie für die Seele. Sie sorgt für einen guten Ruf bei den Nachbarn und legt gleichzeitig ein gutes Wort bei Gott ein. Sie garantiert Sitte und Ordnung in der bürgerlichen Welt und steht gleichzeitig bei den revolutionären Umstürzlern hoch im Kurs. Arbeit ist zum absoluten Standard, zum Allheilmittel geworden.

Die letzten Griechen: Privatiers und Honoratioren

Nur eine kleine, überwiegend aus dem alteingesessenen Adel stammende Minderheit lässt sich nicht von der allgemeinen Betriebsamkeit anstecken und lebt weiter so wie bisher. Die so genannten Honoratioren aus der Schicht der höheren Beamten und Offiziere legen, wie der Name schon sagt, Wert darauf, nicht für Geld, sondern für die Ehre zu arbeiten, und tun dies entsprechend gemächlicher. Ihrem Selbstverständnis nach arbeiten sie überhaupt nicht. Sie versehen einen Dienst und erhalten dafür vom Dienstherrn ein für den standesgemäßen Lebensunterhalt ausreichendes Honorar.

Und der Privatier bekundet allein durch seine Berufsbezeichnung, die sich noch bis ins 20. Jahrhundert auf Grabsteinen wieder findet, dass er es nicht nötig hat, für Geld zu arbeiten. Er kann sich dem *dolce far niente*, dem süßen Nichtstun, oder seinen privaten Interessen widmen, die häufig auf dem Gebiet der Gelehrsamkeit oder der Kunst liegen. Mit dem Umsichgreifen der Industrialisierung und dem Aufstieg des neureichen Erwerbsbürgertums gerät das Lebensmodell des Privatiers jedoch zunehmend unter Druck, und das Ende der Monarchie versetzt ihm schließlich vollends den Todesstoß. Einer der letzten Ausläufer der antiken Arbeits- und Lebenseinstellung tritt von der historischen Bühne ab.

Die arbeitslosen Helden der Literatur

Dass sich hinter der bürgerlichen Fassade der tugendhaften Geschäftigkeit eine gewisse Ambivalenz verbirgt, erahnen wir, wenn wir einen Blick auf die damalige Literatur werfen. Sofern in Romanen das Thema Berufstätigkeit überhaupt auftaucht, trifft auf die überwiegende Mehrzahl der Helden zu, dass sie eigentlich die Arbeit nicht mögen, wie es Thomas Mann einmal über seinen Hans Castorp im *Zauberberg* formulierte. Weder die Helden Goethes – beispielsweise der gesellschaftliche Außenseiter Werther – noch die Dostojewskis, Prousts, Fontanes oder Musils sind, von wenigen Ausnahmen abgesehen, erwerbstätig. Vielmehr scheinen die Romane ihren poetischen Gehalt gerade aus dem Gegensatz zum prosaischen Arbeitsleben zu ziehen. Entgegen den offiziellen Bekundungen über den Wert des Fleißes und der Arbeit entsteht der Eindruck einer geheimen Übereinkunft zwischen dem Romanautor und seinem Publikum darüber, dass das eigentliche Leben außerhalb der Arbeit stattfinde.

Sobald der Held in die Arbeitswelt eintritt, scheint seine Biographie nichts mehr von dem Stoff herzugeben, aus dem Geschichten sind: die Vielfalt der Entwicklungsmöglichkeiten, die Intensität, die Tiefe – kurz: die poetische Dimension. Für die Romanfiguren gilt, was Truman Capote seinem Helden in *Frühstück bei Tiffany* in den Mund legt, um so das nahende Ende der wunderbaren Liebesgeschichte seines Bohème-Paares anzudeuten: »… gegen Ende des Monats fand ich einen Job: Was ist dem hinzuzufügen?«[36]

Paul Lafargue und das Recht auf Faulheit

Der vehementeste Kritiker des Arbeitskultes seiner Zeit war ausgerechnet der Schwiegersohn von Karl Marx, Paul Lafargue. Schon der Titel seines 1880 erschienenen Werks *Das Recht auf Faulheit*[37] war nicht nur eine Provokation für das Bürgertum, sondern vor allem eine Kritik an der Arbeiterbewegung, die in der Revolution von 1848 gemeinsam mit dem liberalen Bürgertum das Recht auf Arbeit eingefordert hatte.

»Eine seltsame Sucht beherrscht die Arbeiterklasse aller Länder, in denen die kapitalistische Zivilisation herrscht. Diese Sucht, die Einzel- und Massenelend zur Folge hat, quält die traurige Menschheit seit zwei

Jahrhunderten. Diese Sucht ist die Liebe zur Arbeit, die rasende, bis zur Erschöpfung der Individuen und ihrer Nachkommen gehende Arbeitssucht. Statt gegen die geistige Verirrung anzukämpfen, haben die Priester, die Ökonomen und die Moralisten die Arbeit heilig gesprochen. Blinde und beschränkte Menschen, haben sie weiser sein wollen als ihr Gott; schwache und unwürdige Geschöpfe, haben sie das, was ihr Gott verflucht hat, wiederum zu Ehren zu bringen gesucht ... In der kapitalistischen Gesellschaft ist die Arbeit die Ursache des geistigen Verkommens und körperlicher Verunstaltung ... Will man in unserem zivilisierten Europa eine Spur der ursprünglichen Schönheit des Menschen finden, so muss man zu den Nationen gehen, bei denen das ökonomische Vorurteil den Hass wider die Arbeit noch nicht ausgerottet hat.«[38]

Lafargues Heilmittel ist einfach und nimmt das Arbeitsethos mancher Teilzeitjobber unserer Tage vorweg: »Aber, damit ihm seine Kraft bewusst wird, muss das Proletariat die Vorurteile der christlichen, ökonomischen und liberalistischen Moral überwinden; es muss zu seinen natürlichen Instinkten zurückkehren, muss die Faulheitsrechte ausrufen, die tausendfach edler und heiliger sind als die schwindsüchtigen Menschenrechte, die von den metaphysischen Advokaten der bürgerlichen Revolution wiedergekäut werden; es muss sich zwingen, nicht mehr als drei Stunden täglich zu arbeiten, um den Rest des Tages und der Nacht müßig zu gehen und flott zu leben.«[39]

Bis zum heutigen Tag ist Lafargue eine historische

Randfigur geblieben. Eine Ausgabe seines Werkes *Das Recht auf Faulheit* wird im Buchhandel unter einer Etikettierung verkauft, der er mit Sicherheit widersprochen hätte: als Satire, eingebunden in »Die Reihe der Schalke, Spötter, Narren und weniger ernsten Philosophen«.

Arbeit im Realsozialismus: Aus Revolutionären werden Arbeitshelden

Dass zumindest eine der Seelen in der Brust Karl Marx' den Ansichten seines Schwiegersohns Lafargue gewogen war, bezeugt seine berühmte Aussage aus dem dritten Band des *Kapitals*: »Das Reich der Freiheit beginnt in der Tat erst da, wo das Arbeiten, das durch Not und äußere Zwänge bestimmt ist, aufhört.«[40] Noch deutlicher wird Marx in der *Deutschen Ideologie*, wo er schreibt, »dass es nicht darum gehe, die Arbeit zu befreien, sondern sie abzuschaffen«.[41] Aber seinen Nachfolger Lenin kümmerte die Meinung des großen Vorbildes wenig, als er die kultische Verehrung der Arbeit durch den Bolschewismus inszenierte. Er entwickelte einen geradezu fanatischen Eifer gegen den Müßiggang der zaristischen Elite. Auf sein Betreiben wurde das entstellend verkürzte Paulus-Zitat »Wer nicht arbeitet, soll auch nicht essen«[42] in die erste Verfassung der Sowjetunion aufgenommen. Als Symbolfigur für den adligen Schlendrian diente Lenin immer wieder Oblomov, der Titelheld des 1895 erschienenen Romans von Ivan Gontscharov.

Oblomov, ein Gutsbesitzer aus dem niederen Adel, ist ein gutmütiger Träumer, Müßiggänger und Genießer, der jede Art von Arbeit konsequent vermeidet; selbst das Verlieben ist ihm zu anstrengend. In zahlreichen Schriften von 1899 bis 1922 geißelte Lenin die *oblomovschtschina,* die *Oblomoverei,* und setzte ihr das Bild des revolutionären Arbeitshelden entgegen.

Maxim Gorki, der quasi zum offiziellen Dichter der Revolution avancierte, weist in seinem Stück *Die Sommergäste* schon 1904 den bürgerlichen Intellektuellen den einzigen ihnen noch offen stehenden Weg: Die Sommergäste, die auf einem Landgut ihren persönlichen, musischen und literarischen Neigungen frönen, beschließen, dieses müßige Leben aufzugeben, um in der Stadt an der Revolution teilzunehmen.

Auf die Spitze getrieben wird der sowjetische Arbeitskult in der Stalin-Ära. Mit militaristischem Propagandagetöse wird das Volk brigadenweise in Produktionsschlachten geschickt, und ›Helden der sozialistischen Arbeit‹ werden geschaffen, wie Aleksej Stachanov, der 1935 seine Produktionsnorm angeblich in einer einzigen Schicht um das 14fache überboten hat.

Bei der Verherrlichung der Arbeit sind Sozialismus und Kapitalismus jedoch durchaus Brüder im Geiste. Während die Kommunisten in der *Internationalen* mit Inbrunst die Zeilen singen: »Den Müßiggänger schiebt beiseite, diese Welt muss unser sein!«, schreibt Henry Ford aus dem kapitalistischen Amerika in seinen Memoiren: »Die Zivilisation hat keinen Platz für den Müßiggänger.«[43]

Nationalsozialismus und Wiederaufbau: Arbeit macht frei

Fleiß und Strebsamkeit scheinen über alle politische Lager erhaben. Mit furchtbarem Erfolg bemüht sich der Nationalsozialismus in den dreißiger Jahren, sie zu speziell deutschen und nationalsozialistischen Tugenden aufzubauen. Der Führer gibt den Ton vor: »Jede Tat ist sinnvoll, selbst das Verbrechen; jede Passivität […] ist dagegen sinnlos.«[44] Dass es einem Volk gelingt, innerhalb von wenigen Jahren einen Kriegsapparat aufzubauen, der über sechs Jahre die ganze Welt in Atem hält und 50 Millionen Menschen das Leben kostet, ist unter anderem eine geradezu unglaubliche ›Fleißleistung‹. »Arbeit macht frei« schreiben die Nazis über die Eingänge ihrer Konzentrationslager – es ist nur konsequent, dass die Vergötterung der Arbeit auch noch zur Kaschierung ihrer furchtbarsten Verbrechen diente.

Die Stunde null nach dem Ende des Krieges ist alles andere als eine Stunde des Innehaltens und des Nachdenkens – im Gegenteil, wieder sind es die alten Tugenden, Fleiß und Tüchtigkeit, die nun beim Wiederaufbau zum Einsatz kommen. Und auch im Arbeiter-und-Bauern-Staat der DDR wird die Förderung der Arbeit zum offiziellen Staatsziel erkoren.

Emanzipation und Frauenarbeit

Erstmalig in der deutschen Geschichte wird in der DDR die Frau voll und ganz in die Arbeitswelt integriert. So verschwindet die Bezeichnung Hausfrau aus dem offiziellen sozialistischen Sprachgebrauch. Und mit etwas Zeitverzögerung reift auch im Westen das Bild der berufstätigen Frau zum gesellschaftlichen Ideal, diesmal jedoch nicht aufgrund einer offiziellen Parteilinie, sondern auf Betreiben der Frauen selbst. Nachdem sie sich von ihren klassischen Rollen, den drei Ks – Kinder, Küche, Kirche – emanzipiert haben, zieht es auch sie dorthin, wo ihre Männer schon sind: an die Arbeit. So ist die Erwerbstätigkeit der Frau – vor hundert Jahren noch ein Ausdruck von wirtschaftlicher Not – spätestens um 1970 zum Symbol der Emanzipation gerade der privilegierten Frau geworden.

Zwar sind aus der Frauenbewegung durchaus auch kritische Töne gegen Arbeitsexzesse, vor allem männliche, zu hören – so findet eine Diskutantin eines Frauentreffens begeisterten Beifall mit der Bemerkung: »Wenn ein Mann vier Kinder in die Welt setzt und dann abhaut, um 70 Stunden in der Woche zu arbeiten – das ist asozial.« Die Wahl einer 41-jährigen Mutter von vier kleinen Kindern in den 70-Stunden-Job einer Bischöfin wird jedoch allgemein als ein Fortschritt auf dem Weg zur Gleichberechtigung gefeiert. Und die Urmutter des militanten Feminismus, Germaine Greer, treibt die Arbeitsverherrlichung noch auf die Spitze. In einem *SPIEGEL*-Interview kommentiert sie die Familienplanung des britischen Premier-Paares mit den Worten: »Es hat mich sehr geärgert, dass Cherie Blair wieder schwanger geworden ist. Nicht nur, weil ihr Mann einen wichtigen Job hat – nein, sie selbst ist eine hervorragende Arbeitsrechtlerin, deren Arbeitskraft jetzt ausfällt.«[45]

Es ist vollbracht: Die neue Lust an der Arbeit

Doch die Krise der Werte erfasst auch die Arbeitsverherrlichung. Während für die Generation der Kriegsteilnehmer Arbeit noch selbstverständliche Pflichterfüllung war, sehen dies ihre Kinder schon ganz anders. Zunächst übt die Studentenbewegung von 1968 an zaghaft Kritik am leistungs- und konsumfixierten Lebensmodell der Aufbauzeit. Mit der Hippie-Bewegung entsteht dann in den Siebzigern ein lebensfreudiges, müßiggängerisches Gegenbild zur Leistungsgesellschaft, welches in der Alternativbewegung der achtziger Jahre weiterlebt und bis in die neunziger Jahre des 20. Jahrhunderts seine Kreise zieht. Fast sieht es so aus, als ob das letzte Stündchen der Arbeitsgesellschaft geschlagen habe. Selbst der damalige Bundeskanzler Helmut Kohl sieht Deutschland schon zum »Freizeitpark« verkommen.

Aber kurz vor dem Jahrtausendwechsel macht sich ausgerechnet die junge Spaßgeneration, die Generation Golf[46], daran, die Leistungsgesellschaft wieder so richtig in Fahrt zu bringen. Arbeit soll der Selbstverwirklichung dienen und neben Geld auch Spaß bringen. Selbständigkeit und Unternehmertum sind gerade in der jüngeren Generation zum Berufsideal geworden, und im Zuge der Neuen Wirtschaft breitet sich eine neue Lust an der Arbeit aus. Wer was werden will, hat mit der 35-Stunden-Woche nichts am Hut. Gerade die Elite, die im 19. Jahrhundert deutlich weniger als die Arbeiterschaft tätig war, legt heute Wert darauf, länger arbeiten zu »müssen«. Wie die Proletarier des 19. Jahrhunderts rund um die Uhr beschäftigt zu sein ist heute zum Statussymbol geworden.

So tut DaimlerChrysler-Chef Jürgen Schrempp der Öffentlichkeit anlässlich der Trennung von seiner Ehefrau über die *BILD*-Zeitung kund: »Ich stand vor der Alternative: Arbeit oder Ehe. Und ich habe bemerkt: Die Herausforderung der neuen Aufgabe bedeutet mir mehr als alles andere auf der Welt.«[47] Und der ehemalige BMW-Manager Wolfgang Reizle, jetzt Chef angelsächsischer Nobelautomarken, hat sogar schon die Sphäre des Menschlichen hinter sich gelassen: In einem *SPIEGEL*-Interview bezeichnet er sich stolz als »Arbeitstier«.[48]

Zurück zu den Griechen

Reisen wir an dieser Stelle noch einmal zurück, bis zu den Anfängen unserer Kultur, und stellen wir uns vor, ein griechischer Philosoph unternähme eine Zeitreise in unsere heutige Welt. Wir können uns lebhaft vorstellen, wie alles für ihn auf dem Kopf stünde angesichts einer Gesellschaft, die sich ausgerechnet nach Erwerbsarbeit – der von den Griechen am meisten verachteten Tätigkeitsform – sehnt, angesichts einer Elite, die Ruhe und Muße gering schätzt und stattdessen ein Dasein als Arbeitstier für erstrebenswert erachtet, angesichts einer Kultur, die das Reich der Notwendigkeit hinter sich gelassen hat, das der Freiheit aber noch nicht bewohnen kann. Unser Philosoph würde schleunigst die Rückreise antreten, um den Arbeitshelden das Feld zu überlassen.

Allerdings haftet dem historischen Siegeszug der Arbeit eine tragische Ironie an: Die Erwerbsarbeit erreicht ihr höchstes Ansehen genau zu dem Zeitpunkt, als sie durch die Entwicklung der Technik zunehmend überflüssig geworden ist. Hannah Arendt hat diese Situation in ihrem Buch *Vita Activa* schon 1958 mit bewundernswerter Klarheit vorausgesehen und beschrieben:

»Wir wissen bereits, ohne es uns doch recht vorstellen zu können, dass die Fabriken sich in wenigen Jahren von Menschen geleert haben werden und dass die Menschheit der uralten Bande, die sie unmittelbar an die Natur ketten, ledig sein wird, der Last der Arbeit und des Jochs der Notwendigkeit. [...] Das Verlangen nach dem leichten, von Mühe und Arbeit befreiten, göttergleichen, Leben ist so alt wie die überlieferte Geschichte. Auch ist ein von Arbeit befreites Leben ja nicht neu; es gehörte einst zu den selbstverständlichsten und bestgesicherten Vorrechten und Privilegien der Wenigen, die über die Vielen herrschten. So mag es scheinen, als würde durch den technischen Fortschritt nur das verwirklicht werden, wovon alle Generationen des Menschengeschlechts nur träumten, ohne es jedoch leisten zu können. Aber dieser Schein trügt. Die Neuzeit hat im 17. Jahrhundert damit begonnen, theoretisch die Arbeit zu verherrlichen, und sie hat zu Beginn unseres Jahrhunderts damit geendet, die Gesellschaft im Ganzen in eine Arbeitsgesellschaft zu verwandeln. Die Erfüllung des uralten Traums trifft, wie in der Erfüllung von Märchenwünschen, auf eine Konstellation, in der der erträumte Segen sich als Fluch auswirkt. Denn es ist ja eine Arbeitsgesellschaft, die von den Fesseln der Arbeit befreit werden soll, und diese Gesellschaft kennt kaum noch vom Hörensagen die höheren und sinnvolleren Tätigkeiten, um deretwillen die Befreiung sich lohnen würde. [...] Was uns bevorsteht, ist die Aussicht auf eine Arbeitsgesellschaft, der die Arbeit ausgegangen ist, also die einzige Tätigkeit, auf die sie sich noch versteht. Was könnte verhängnisvoller sein?«[49]

Kapitel 6

Das Ende der Arbeit und ihre wahnsinnige Zukunft

Die Arbeitsgesellschaft wird arbeitslos · Erwerbsarbeit wird Nebenbeschäftigung · Das Märchen von der Dienstleistungsrevolution · Das Paradies-Paradoxon: Elend mitten im Überfluss · Die Angst vor der Entziehungskur · Lebensverlängernde Maßnahmen für die Arbeitsgesellschaft · Aktive Arbeitsmarktpolitik: Das schöne Spiel mit den Zahlen · Subventionen – was kostet ein Arbeitsplatz? · Umverteilung in den Zeiten der Globalisierung · Die Zukunft der Arbeit: Arbeitsdienst für alle? · Die Zukunft der Arbeit: Die Dienstbotengesellschaft? · Der Preis der neoliberalen Versuchung · Gibt es keine andere Wahl?

»Jede Politik, auf welche Ideologie sie sich sonst auch berufen mag, ist verlogen, wenn sie die Tatsache nicht anerkennt, dass es keine Vollbeschäftigung für alle mehr geben kann und dass die Lohnarbeit nicht länger der Schwerpunkt des Lebens, ja nicht einmal die hauptsächlichste Tätigkeit eines jeden bleiben kann.«

André Gorz

»Als sie das Ziel aus den Augen verloren hatten, verdoppelten sie ihre Anstrengungen.«

Sprichwort

Eine Arbeitsgesellschaft, der die Arbeit ausgegangen ist. – Was für Hannah Arendt eine düstere Vorausahnung war, nimmt heute unter unseren Augen konkrete Gestalt an: Im November 2000 waren in Deutschland 3,65 Millionen Menschen erwerbslos. Drei Jahre zuvor war mit fast 5 Millionen gemeldeten Arbeitslosen der vorläufige Gipfelpunkt einer Wachstumskurve erreicht worden, die seit zirka 30 Jahren von Konjunkturzyklus zu Konjunkturzyklus weiter ansteigt. Die derzeitige, vom Wirtschaftsboom getragene Entspannung am Arbeitsmarkt dürfte dabei nur eine kurze Verschnaufpause auf dem Weg zu noch luftigeren Höhen darstellen.

Die Wirklichkeit sieht jedoch noch düsterer aus als die Zahlen. Denn neben den offiziell ausgewiesenen Arbeitslosen gibt es weitere zirka 1,5 Millionen so genannter verdeckt Arbeitsloser. Hierunter fallen all diejenigen, die durch arbeitsmarktpolitische Maßnahmen wie ABM oder Umschulungen bzw. durch vorgezogenen Altersruhestand von der Statistik fern gehalten werden. Ebenfalls nicht in der Statistik enthalten ist die so genannte stille Reserve: diejenigen, die zwar arbeitslos sind, sich aber nicht als arbeitslos registrieren lassen, schätzungsweise noch einmal 1,5 Millionen.[1] Die scheinbar so akkuraten Zahlen aus Nürnberg sind also nur die halbe Wahrheit – in Wirklichkeit sind fast doppelt so viele Menschen arbeitslos.

Die Arbeitsgesellschaft wird arbeitslos

Aber wer ist nun schuld daran, dass bezahlte Arbeit rar wird? Die Arbeitgeber? Die Gewerkschaften? Die Statistiker? – Wenn wir etwas genauer nachfragen, kommen wir zu der beunruhigenden Antwort: Der Jobkiller Nummer eins ist niemand anderes als der menschliche Erfindergeist. Mit seiner Hilfe wurden immer mehr Arbeiten auf Maschinen übertragen, zunächst einfache mechanische Tätigkeiten, wie das Sensen oder Dreschen von Getreide, dann zunehmend komplexe Arbeitsabläufe bis hin zu Denkprozessen. Als Folge dieser ständigen Innovationsleistung wurde und wird die zur Herstellung von Gütern benötigte Arbeitszeit immer geringer.

1965 brauchte es noch 21 Beschäftigte, um Waren im Wert von einer Million Mark zu produzieren. Heute sind es gerade noch 10.[2] In den letzten 120 Jahren hat sich die Arbeitsproduktivität in Deutschland um das 17fache erhöht.[3] Mit anderen Worten: Der Arbeitsaufwand, der notwendig ist, um einen bestimmten Lebensstandard zu erreichen, hat sich durchschnittlich alle sieben Jahre halbiert.

Dass durch den Produktivitätsfortschritt der Bedarf an menschlicher Arbeit sinkt, ist aber nur die eine Seite der Medaille. Denn auf der anderen Seite erfordert das Wirtschaftswachstum einen immer höheren Arbeitseinsatz, um die steigende Nachfrage nach Gütern zu befriedigen. Wie auf einer Waage stehen sich der Abbau von Arbeitsplätzen aufgrund steigender Produktivität und die Neuschaffung von Arbeitsplätzen infolge des Wirtschaftswachstums gegenüber. Die Menge an benötigter Arbeit sinkt immer dann, wenn die Waagschale der Produktivität schwerer wiegt als die des Wachstums. Und genau das ist schon seit Jahrzehnten, ja, eigentlich schon seit dem Höhepunkt der Industrialisierung der Fall. Insgesamt nimmt die Nachfrage nach Arbeit immer weiter ab. Im Wenigerwerden der Arbeit drückt sich also nichts anderes als der Erfolg unseres Wirtschaftssystems aus, dessen innere Logik es ist, technischen Fortschritt hervorzubringen und zu nutzen, um mit möglichst wenig Arbeit möglichst viel zu produzieren.

Erwerbsarbeit wird Nebenbeschäftigung

Zumindest bis in die siebziger Jahre des 20. Jahrhunderts hat sich das sinkende Arbeitsvolumen – von Krisenzeiten einmal abgesehen – jedoch nicht als Massenarbeitslosigkeit niedergeschlagen. Warum nicht? Weil die durchschnittliche Arbeitszeit seit den Anfangszeiten der Industrialisierung kontinuierlich gesunken ist. Während um 1850 ein Industriearbeiter in der Regel noch jede Woche 80 Stunden in der Fabrik verbrachte, werden heute im Schnitt nur noch 36 Stunden pro Woche gearbeitet. Noch in der Mitte des 19. Jahrhunderts waren jährliche Arbeitszeiten von 4000 Stunden die Regel. Heute werden in der Industrie jährlich gerade noch 1500 Stunden gearbeitet. Innerhalb von anderthalb Jahrhunderten ist die jährliche Arbeitszeit also fast auf ein Drittel gesunken.[4] Aber nicht nur das: Auch die Dauer des Arbeitslebens ist geringer geworden, bedingt durch den immer früheren Renteneintritt. Heute sind EU-weit bereits über 50 Prozent der 55-Jährigen im Ruhestand.[5]

Während die Lebensarbeitszeit immer weiter abgenommen hat, ist andererseits die Lebenserwartung enorm gestiegen. Das Ergebnis: Während ein Arbeiter noch in der Mitte des 19. Jahrhunderts zirka 70 Prozent seiner wachen Lebenszeit für den Broterwerb aufwendete[6], verbringt er heute nur noch weniger als ein Fünftel dieser Zeit bei der Arbeit. Und ein heute 15-Jähriger wird vermutlich in seinem Leben mehr Zeit vor dem Fernseher als bei der Arbeit verbringen.[7]

Malen wir uns an dieser Stelle einmal spaßeshalber

aus, was passiert wäre, wenn sich die Arbeitszeiten nicht in dieser Weise vermindert hätten. – Die Bundesanstalt für Arbeit hätte Monat für Monat Arbeitslosenzahlen von 60 Prozent und darüber zu verkünden. Umso absurder erscheinen in diesem Lichte die aus dem Unternehmerlager immer wieder zu hörenden Stimmen, dass die Arbeitszeiten verlängert werden müssten.

Das Märchen von der Dienstleistungsrevolution

Noch im vergangenen Jahrhundert waren in Deutschland über 90 Prozent der Bevölkerung in der Landwirtschaft tätig; heute sind es weniger als drei Prozent. Eine ähnliche Entwicklung läuft nun auch in der Industrie ab. Herbert Hensler, Chef der deutschen Filiale der Beratungsfirma McKinsey, prophezeit lapidar: »Die Industrie wird den Weg der Landwirtschaft gehen.«[8] Das neue Montagewerk von Opel in Rüsselsheim soll nach seiner Fertigstellung eine um 80 Prozent höhere Pro-Kopf-Produktivität als das jetzige Werk erreichen.[9]

Bei einer von Michael Gorbatschow 1995 organisierten Tagung zum Thema »Die Zukunft der Arbeit« konnten sich die Teilnehmer, darunter George Bush, Margaret Thatcher, CNN-Chef Ted Turner und David Packard, recht schnell auf einen Grundtenor einigen: Nur 20 Prozent der arbeitsfähigen Bevölkerung würden im 21. Jahrhundert ausreichen, um die Weltwirtschaft in Schwung zu halten. »Mehr Arbeitskraft wird nicht gebraucht.«[10]

Gibt es aber nicht wenigstens Hoffnung auf Jobs im Dienstleistungssektor, der von den Politikern so gern als Job-Eldorado der Zukunft beschworen wird? – Machen wir uns nichts vor. Banken, Versicherungen, Post, Bahn und Telefongesellschaften sind beim Abbau von Arbeitsplätzen mindestens ebenso erfolgreich wie die Industrie. Die Einführung eines Computer-Voice-Mail-Systems bei der amerikanischen Fleet Bank kostete 40 Prozent der Angestellten ihren Job, da nun 80 Prozent der täglich 1,5 Millionen Kundenanrufe automatisch beantwortet werden können.[11] Mit der Verbreitung des *Home-Banking* wird ein großer Teil des Büro- und Schalterpersonals überflüssig.

Auch die Internet-Revolution wird, unter dem Strich, keine neuen Arbeitsplätze bringen, sondern einen weiteren, forcierten Rationalisierungsschub. Nur deshalb investieren Firmen schließlich in die elektronische Zukunft. Wer über E-Mail verfügt, braucht keine Schreibkraft. Mit dem Ausbau des Internets werden Millionen Arbeitsplätze im Handel überflüssig – wer geht noch in ein Reisebüro und wartet geduldig auf seinem Stühlchen, bis er dran ist, wenn er zu Hause an seinem Bildschirm gemütlich mit seiner Familie Reiseziele in Wort, Bild und als Video anschauen, Preise vergleichen und gleich buchen kann? 1999 machte der Online-Buchhandel in Deutschland bereits 165 Millionen Mark Umsatz, bis 2003 sollen es bereits 1,2 Milliarden sein[12]. Die Dienstleistungsrevolution findet zwar statt, aber revolutionär wird daran vor allem der Stellenabbau sein.

Das Paradies-Paradoxon: Elend mitten im Überfluss

Wie wir es drehen und wenden: Die Arbeitsgesellschaft wird immer mehr ihrer Mitglieder schlichtweg keine Arbeit mehr bieten können. Andererseits ist aber Arbeit noch immer *das* Mittel zur Verteilung des gesellschaftlichen Reichtums. Wenn das aber so bleibt, was passiert dann mit denen, die zukünftig keine Möglichkeit mehr haben, eine Arbeit zu finden? Der amerikanische Wirtschaftswissenschaftler Wassily Leontief, Nobelpreisträger von 1973, bezeichnet dieses Dilemma als »Paradies-Paradoxon«:

»Die Geschichte des technologischen Fortschritts der letzten 200 Jahre ist im Grunde die Geschichte der menschlichen Rasse, wie sie langsam, aber sicher versucht, den Weg zum Paradies wieder zu finden. Was würde allerdings passieren, wenn ihr dies gelänge? Alle Güter und Dienstleistungen wären verfügbar, ohne dass dafür Arbeit notwendig wäre, und niemand würde einer Erwerbsarbeit nachgehen. Nun heißt arbeitslos sein auch, keinen Lohn zu empfangen; so würden die Menschen, wenn sie auf die neue technologische Situation nicht mit einer neuen Politik der Einkommensverteilung reagieren würden, im Paradies verhungern ...«[13]

Solange Arbeit den Zugang zur Gesellschaft darstellt, wird der Weg ins Paradies zur Höllenfahrt. Genau der Prozess, der immer mehr Reichtum erzeugt, bringt gleichzeitig immer mehr Menschen in Not. Am Horizont zeichnet sich das Schreckgespenst einer Gesellschaft ab, die sich aufteilt in eine kleine Elite von Dazugehörenden und einen anwachsenden, überflüssigen Rest, der nicht nur materiell, sondern auch psychisch in Bedrängnis kommt. Denn was wird nach dem Verschwinden der Erwerbsarbeit aus uns Menschen, wenn unsere Identität und unsere Selbstachtung weiterhin an der Arbeit hängen? Wenn wir die »einfältige Verkopplung von Arbeit, Einkommen und Lebenssinn«, die wir aus der Geburtsstunde der Industriekultur mit uns herumschleppen[14], nicht aufbrechen? Wenn unser Wert als Mensch weiterhin primär von unserer Verwertbarkeit im Wirtschaftsprozess abhängt?

Die Angst vor der Entziehungskur

Diese Fragen haben unser gesellschaftliches Bewusstsein noch nicht erreicht. Während sich die Welt radikal verändert hat, will der überwiegende Teil der Bevölkerung und der Politiker den derzeitigen Stand der Erwerbslosigkeit immer noch als vorübergehendes Phänomen (miss)verstehen, als eine kurzfristige Krisenerscheinung. Allerdings fragt man sich, wo denn die »Krise« sein soll, in einer Zeit, in der der materielle Wohlstand von Jahr zu Jahr in immer neue Höhen steigt …

Anstatt sich damit abzufinden, dass unsere Mitwirkung am Wirtschaftsprozess entbehrlicher geworden ist, und uns auf ein Leben ohne Arbeit vorzubereiten, will man am liebsten weitermachen wie bisher. Wer einen Job hat, schätzt sich glücklich, und wer dazu noch zur Elite gezählt werden will, gibt sein Leben mit Freuden hin und lebt ganz nach seiner Arbeit ... Anstatt das Wenigerwerden der Arbeit als Chance auf eine weniger arbeitswahnsinnige Zukunft zu begreifen und zu nutzen, sieht man darin eine Katastrophe, gegen die es alle zur Verfügung stehenden Mittel aufzuwenden gilt. Anstatt eine Gesellschaft vorzubereiten, die auch ohne Arbeit als gerechtes Gemeinwesen für alle funktioniert, soll die entschwindende Arbeit um jeden Preis festgehalten werden. Man kann sich nicht auf die überfällige Entwöhnung einlassen, sondern versucht wie ein Junkie, den Nachschub der Droge mit allen Mitteln zu sichern. Wohl ahnt man, dass die Tage der Arbeitsgesellschaft gezählt sind. Aber statt sie in Ruhe sterben zu lassen, versucht man, koste es, was es wolle, ihr Leben zu verlängern.

Lebensverlängernde Maßnahmen für die Arbeitsgesellschaft

Wie im alten Rom Wahlen durch die Verheißung von Brot und Spielen gewonnen wurden, ist heute Brot und Arbeit das Versprechen eines jeden Wahlkämpfers. So plakatiert die SPD im Bundestagswahlkampf 1998: »Es gibt viele schöne Plätze in Deutschland. Die schönsten sind für uns Arbeitsplätze.« Und in seiner Regierungserklärung betont der damals frisch gekürte Bundeskanzler Gerhard Schröder: »Wir wollen uns jederzeit [...] daran messen lassen, in welchem Maße wir zur Bekämpfung der Arbeitslosigkeit beitragen.« Sein Vorgänger, Helmut Kohl, hatte dem Wahlvolk kurz zuvor sogar noch die Halbierung der Arbeitslosigkeit in Aussicht gestellt!

Absichtserklärungen dieser Art begleiten den Anstieg der Arbeitslosigkeit seit nun schon über dreißig Jahren so hartnäckig, dass wir sie, wie das Gedudel der Hintergrundmusik im Supermarkt, schon fast nicht mehr wahrnehmen und erst recht nicht mehr glauben. Sie sind längst zu einem Ritual geworden, das alle Züge einer Geisterbeschwörung angenommen hat. Ritueller Höhepunkt sind seit Schröders Amtsübernahme die Zusammenkünfte einer mit »Bündnis für Arbeit« titulierten Gesprächsrunde, die der bewährten Tradition des So-tun-als-ob alle Ehre tut.

Je weniger die Regierung ausrichten kann, umso mehr demonstriert sie dem Wahlvolk auf andere Weise Tatkraft und Entschlossenheit. Der Kampf gegen die Arbeitslosigkeit wird zum Kampf gegen die Arbeitslosen umfunktioniert. Der Druck auf diese wird erhöht, indem man Kontrollen verschärft, die Zumutbarkeit von Tätigkeiten oder Anfahrtszeiten neu definiert oder ›Arbeitsanreize schafft‹, im Klartext: Gelder kürzt. Natürlich entsteht kein einziger Arbeitsplatz dadurch, dass jemand aus der zum Nagelbrett gewordenen ›sozialen Hängematte‹ steigt und eine Arbeit annimmt, die wiederum irgendeinem anderen nachher fehlt. Aber immerhin sorgt der Drehtür-Effekt dafür, dass es dem einzelnen Arbeitslosen nicht allzu wohl wird, was nebenbei auch der Statistik zugute kommt: Jede Frau, die sich von den Schikanen genervt auf das Hausfrauendasein zurückzieht, tritt nicht mehr als arbeitslos in Erscheinung. Ebenso der Gastarbeiter, der in sein Heimatland zurückkehrt, oder der Arbeitslose, der sich in eine lang dauernde Krankheit oder die Rente flüchtet.

Aktive Arbeitsmarktpolitik: Das schöne Spiel mit den Zahlen

Wenn es um die Schaffung von Arbeitsplätzen geht, scheint kein Aufwand zu groß zu sein. Mit Arbeitsbeschaffungsmaßnahmen, Umschulungs- und Qualifizierungsprogrammen wurde ein enormer, staatlich subventionierter, zweiter Arbeitsmarkt geschaffen, der auch den ansonsten Chancenlosen die Segnungen der Arbeit zu bringen verspricht, wenn auch manchmal gegen deren Willen. Wer angebotene Stellen ablehnt, riskiert die Streichung oder Kürzung von Arbeitslosenleistungen oder Sozialhilfe. Mit Zuckerbrot und Peitsche wurden auf diese Weise allein im Jahr 1999 1,5 Millionen Menschen versorgt.

Besondere Aufmerksamkeit kommt natürlich den Jungen zu. Unmittelbar nach Amtsantritt kündigte die Schröder-Regierung mit dem Slogan »100 000 Jobs für Junge!« ihr Sofortprogramm zum Abbau der Jugendarbeitslosigkeit an, das unter dem dynamischen Label JUMP vermarktet wird. Für die Erhöhung des Lehrstellenangebots wurden dafür 1999 2 Milliarden Mark eingesetzt, mit denen betriebliche und außerbetriebliche

Projekte sowie Lohnkostenzuschüsse für Unternehmen finanziert wurden. Der Zentralverband des Deutschen Handwerks schätzt allerdings, dass im Rahmen des Programms allenfalls 10 000 zusätzliche Ausbildungsstellen geschaffen wurden. 200 000 Mark also für jeden – für ein Jahr – von der Straße geholten Jugendlichen. Wunderbar. Das Programm wurde »wegen des großen Erfolges« im Jahr 2000 fortgesetzt.

Für den gesamten Bereich der so genannten aktiven Arbeitsmarkpolitik wurden allein 1999 44 Milliarden Mark eingesetzt, seit der Wende insgesamt zirka 400 Milliarden. Viel Geld, das bei näherem Hinschauen vor allem einem Zweck dient: Arbeitslose vor der Statistik zu verstecken. Und das Frisieren der Zahlen funktioniert: Wer kommt bei der monatlichen Präsentation der Arbeitslosenzahlen schon auf die Idee, die in ›Maßnahmen‹ geparkten Arbeitslosen mitzurechnen?

Subventionen – was kostet ein Arbeitsplatz?

Aber damit nicht genug. Von den jährlich zirka 120 Milliarden Mark, die hierzulande an Subventionen verteilt werden, entfällt ein guter Teil auf den Posten ›Beschäftigungssicherung‹. Ein Arbeitsplatz im Kohlebergbau wird heute in Deutschland jährlich mit 120 000 Mark subventioniert. Ein ganzer Wirtschaftszweig leistet so – im Namen der Arbeit – Als-ob-Arbeit.

Ganz neue Dimensionen wurden von Helmut Kohl mit seiner Rettungsaktion der ostdeutschen Chemieindustrie in Schkopau (Buna-Werke) und Leuna aus dem Jahre 1995 erschlossen. Für die Garantie von 2300 Arbeitsplätzen in Buna bis zum Jahr 1999 zahlte die damalige Bundesregierung fast 8 Milliarden Mark an Subventionen, das heißt 3,5 Millionen Mark für jeden, lediglich auf vier Jahre gesicherten Arbeitsplatz.[15] Im Vergleich dazu war Leuna fast ein Schnäppchen: Der französische Konzern Elf Aquitaine erhielt als direkte Subventionen und Bürgschaften nur 2 Millionen Mark für jeden der 2500 Arbeitsplätze.[16] Beim Bau der Formel-1-Rennstrecke in der Lausitz ist der Steuerzahler mit 1 Million Mark pro Arbeitsplatz dabei.[17] Und auch der Rüstungsindustrie wird gern mit arbeitsmarktpolitischen Argumenten unter die Arme gegriffen, nachdem der Bundeswehr durch den Zusammenbruch des Ostblocks der Feind abhanden gekommen ist. Vor allem Bayern machte sich für den Jäger 90 stark, da er dort über 10 000 Arbeitsplätze sichere. Beschaffungskosten: 30 Milliarden Mark, also eine Summe, mit der man 30 000 Menschen zu Millionären machen könnte.

Umverteilung in den Zeiten der Globalisierung

International operierende Unternehmen haben die Zeichen der Zeit längst erkannt. Immer unverhohlener fordern sie für die Bereitstellung von Arbeitsplätzen entsprechende Gegenleistungen, das heißt Infrastrukturmaßnahmen, Steuerbefreiungen aller Art oder gleich Bares. So musste Tony Blair für die 50 000 (inzwischen durch den Verkauf von Rover teilweise wieder weggefallenen) Rover-Arbeitsplätze in den Midlands eine halbe Milliarde Mark rausrücken, da BMW drohte, ansonsten auf ein lukrativeres Angebot aus Ungarn zurückzugreifen.[18] Das Geschäftsfeld Erpressung von Regierungen und damit deren Steuerzahlern ist in vielen Firmen auf Wachstumskurs. Volkswagen lässt sich seine Investitionen in die »gläserne Autofabrik« in Dresden vergolden, DaimlerChrysler lässt sich die Cityvan-Fabrik in Brandenburg, Opel/GM sein Motorenwerk in Kaiserslautern vom Steuerzahler finanzieren. Nicht etwa, dass hier betriebswirtschaftliche Notmaßnahmen zur Rede ständen – BMW als auch DaimlerChrysler sowie VW weisen enorme Gewinne aus –, aber hat die Regierung eine andere Wahl, als bei der stillen Umverteilung von Steuergeldern auf die Aktionäre mitzuspielen?

Die gesamten für die Schaffung oder Sicherung von Arbeitsplätzen aufgewendeten Summen lassen sich nur grob schätzen, unter dem Strich dürften es jedoch – jahrein, jahraus – gut 100 Milliarden Mark sein. Geld, das nur ausgegeben wird, damit Leute irgendwie und irgendwas arbeiten. Ökonomisch gesehen eine »Scheinbeschäftigung für einen Scheinlohn«.[19] Eine weniger arbeitswahnsinnige Gesellschaft hätte sich vielleicht eine intelligentere und lustvollere Art ausgedacht, ihr Geld zu verprassen …

Die Zukunft der Arbeit: Arbeitsdienst für alle?

Arbeit zu schaffen ist zur fixen Idee geworden. Die Suche nach Lösungen für das Arbeitslosenproblem treibt die seltsamsten Blüten. So fühlt sich auch der seit dem Erscheinen seines Buches *Die Grenzen des Wachstums* zur Autorität gewordene Club of Rome zu einem Lösungsvorschlag berufen. In dem Buch *Wie wir arbeiten werden*[20] fordern die Autoren im Namen des Club of Rome eine gewaltige staatliche Arbeitsbeschaffungsmaßnahme, die allen 18- bis 78-Jährigen ein »Mindestmaß von 20 Wochenstunden Arbeit zur Verfügung stellen« soll, verbunden mit einer Bezahlung, die eine »bescheidene Existenz sichern wird«. Allerdings, was als gnädig gewährtes Recht auf Arbeit zur Tür hereinkommt, entpuppt sich schnell als der Versuch, eine Arbeitspflicht für alle durchzusetzen: »Es wird keine Bezahlungen mehr für das Untätigbleiben geben, sondern Unterstützungen für das Tätigbleiben.« Alle Sozialleistungen sollen abgeschafft werden, denn: »Sämtliche Ressourcen, die zurzeit für Arbeitslosen- und Sozialleistungen aufgewendet werden, bilden künftig die finanzielle Basis« des Arbeitsbeschaffungsprogramms. Zur Natur der angebotenen Arbeiten heißt es lapidar: »Man muss akzeptieren, dass die Tätigkeiten in vielen Fällen nicht den individuellen Vorlieben entsprechen werden.«

Wenn auch die nebulösen Formulierungen nicht immer erkennen lassen, was die Autoren wirklich meinen, so ist doch zu ahnen, worauf das Werk hinauswill: die

Abschaffung des sozialen Netzes und stattdessen die Einführung eines Zwangsarbeitsdienstes für alle bisherigen Arbeitslosen, Sozialhilfeempfänger und Rentner (bis zum 78. Lebensjahr!). Angesichts dieser Rezepte kann es nur beunruhigen, dass die Ideen des Club of Rome prominente Befürworter finden: In einer Besprechung im *SPIEGEL* hofft Hubert Kleinert, der als Ex-Geschäftsführer der Grünen und Vordenker der Partei vorgestellt wird, »dass die Grundüberlegungen der Studie die öffentliche Meinung ähnlich beeinflussen können, wie das den Studien zur Umweltpolitik des Club of Rome einst gelungen ist«. Und der prominente Buchautor und SPD-Politiker Ernst-Ulrich von Weizsäcker steuert für die deutsche Ausgabe sogar ein Vorwort bei, in dem er den Autoren in inbrünstiger Begeisterung dafür dankt, »dem Club und der Weltöffentlichkeit diese Vision geschenkt zu haben«.

Die Zukunft der Arbeit: Die Dienstbotengesellschaft?

Die einfachsten Rezepte, Arbeit zu schaffen, kommen aus dem konservativ-liberalen Lager: niedrig qualifizierte Arbeit müsse nur billig genug werden, dass sich mehr Wohlhabende so genannte personale Dienstleistungen leisten könnten, etwa die Betreuung ihrer Kinder oder pflegebedürftigen Angehörigen, die Führung des Haushalts oder die Pflege des Gartens. Im Kern laufen diese Vorschläge darauf hinaus, dass Tätigkeiten, die bisher unentgeltlich von den Menschen selbst verrichtet wurden, nun auf dem Markt eingekauft werden sollen. So sieht zum Beispiel Professor Meinhard Miegel, unter anderem Vorsitzender der Kommission für Zukunftsfragen der Länder Bayern und Sachsen und langjähriger Berater von Kurt Biedenkopf, den Zerfall der traditionellen Familie als Chance für die Dienstleistungsgesellschaft und sagte eine Renaissance der einfachen Dienste voraus, sobald die »mentalen Probleme der Bevölerung, andere Menschen ihren Dreck wegmachen zu lassen«[21] gelöst sind.

Das Potenzial an solchen Billigarbeitsplätzen ist in der Tat unerschöpflich. Wie viele Aufzüge gibt es in Deutschland? Und wie viele davon sind mit einem Liftboy besetzt? Wie viele Paar Schuhe laufen durch die Straßen und werden von ihren Besitzern selbst poliert? Wie viele Einkaufstüten werden von schwitzenden Kunden an der Kasse eigenhändig gefüllt und zum Auto getragen? Wie viele Menschen kochen ihr Essen noch selber? Wie viele gut situierte Familien hätten noch ein Zimmerchen unter dem Dach für ein Dienstmädchen? Wir brauchen gar nicht viel rumzurechnen – der Traum von der Arbeit für alle ist noch nicht ausgeträumt.

Im Bereich der niedrig qualifizierten Dienstleistungen schlummert noch ein immenser, ungehobener Schatz an Arbeitsplätzen für die aus dem regulären Wirtschaftsprozess Ausgeschiedenen. Voraussetzung für den Boom des Billigsektors ist allerdings, dass der Arbeitsmarkt dereguliert, das heißt dem freien Spiel der Marktkräfte überlassen wird. Die staatliche Einflussnahme durch Tarifrecht oder Kündigungsschutz müsste zurückgedrängt, Sozialstandards müssten gesenkt oder abgeschafft werden – denn bisher definieren Sozialleistungen faktisch den Mindestlohn und stellen so ein Beschäftigungshindernis dar.

Das Interessante an diesem Ansatz ist: Er funktioniert. In Großbritannien hat Margaret Thatcher vor zwanzig Jahren auf diese Weise immens viele Arbeitsplätze geschaffen. Zwischen 1979 und 1984 wurde die Arbeitslosenquote in Großbritannien glatt halbiert. Dasselbe in den USA: Monat für Monat werden dort seit den siebziger Jahren 300 000 neue Arbeitsplätze geschaffen, während wir es in diesem Zeitraum gerade mal auf 2 Millionen neue Arbeitsplätze insgesamt gebracht haben. Kein Wunder, dass deutsche Politiker glänzende Augen bekommen, wenn von Deregulierung die Rede ist.

Der Preis der neoliberalen Versuchung

Die Erfolgszahlen machen besoffen. So besoffen, dass die Nebenwirkungen der neoliberalen Therapie untergehen: die Spaltung der Gesellschaft in eine kleine Gruppe von hoch qualifizierten, gut bezahlten Arbeitnehmern und eine wachsende Zahl von Überflüssigen, die um McJobs anstehen und glücklich sind, wenn sie zwei davon bekommen – ein Szenario, das André Gorz als die »Südafrikanisierung der Gesellschaft« bezeichnet.

Wir brauchen uns nur in den USA umzuschauen. Trotz des beispiellosen Wirtschafts- und Jobwunders erreicht der Durchschnitt der US-Amerikaner heute gerade den Lebensstandard von 1973, und das, obwohl er jährlich 245 Stunden, das heißt über 6 Wochen mehr arbeitet als damals. Verglichen mit seinem deutschen Kollegen, arbeitet ein amerikanischer Fabrikarbeiter inzwischen im Jahr 320 Stunden mehr – das entspricht über 2 Monaten an Arbeitszeit. Ein Drittel der Amerikaner gehört mittlerweile zum Lumpenproletariat der so genannten working poor[22], die oft gezwungen sind, zwei oder drei Jobs nebeneinander zu machen, um überhaupt über die Runden zu kommen. Ein Phänomen, das zunehmend auch in der Mittelschicht zu beobachten ist. Und die sozialen Folgen eines solchen Arbeitslebens zeichnen sich sehr deutlich ab: Nach einer Studie der Zeitschrift *The Economist* verbringt ein durchschnittliches US-amerikanisches Elternpaar heute 22 Stunden pro Woche weniger Zeit mit seinen Kindern als vor 30 Jahren.[23] Und umgekehrt proportional zur elterlichen Zuwendung steigen Fernsehkonsum, Kriminalität, Körpergewicht und Psychopharmakaverbrauch der Kinder und Jugendlichen.

Vorbild Amerika? In ihrem Buch »The overworked American« beschreibt Juliet Schor den Trend zur Selbstversklavung mit drastischen Worten: »Wenn sich die Zunahme der Arbeitszeiten noch einmal 20 Jahre fortsetzt, wird der Durchschnittsamerikaner 60 Stunden pro Woche, 50 Wochen jährlich bei der Arbeit sein. Wenn das nach dem England von Charles Dickens klingt, dann deshalb, weil es genau das wäre.«[24] Tatsächlich drängt sich bei einer Betrachtung der angelsächsischen Entwicklung der Eindruck auf, dass die Dienstbotengesellschaft des 19. Jahrhunderts wieder aufersteht. Vor unseren Augen dreht sich das Rad der Geschichte zurück. Wir sehen, wie die Gesellschaft wieder in Klassen zerfällt, wie sich Armut wieder ausbreitet, wie längst untergegangen geglaubte Milieus wieder aufleben. Als säßen wir in einem rückwärts laufenden Film, erleben wir, wie Innenstädte wieder von Bettlern und Obdachlosen bevölkert werden, wie sich die feinen Herrschaften wieder mit allerlei Gesinde umgeben und der Feierabend für viele immer kürzer wird.

Gibt es keine andere Wahl?

Liegt die Zukunft in der Rückkehr der Vergangenheit? Wer Deregulierung als Wundermittel anpreist, muss auch den Mut und die Ehrlichkeit haben, den Preis für diese Wohltat zu nennen: Für immer mehr Arbeit gibt es immer weniger Lohn. – Und als Konsequenz daraus: Wir werden wieder als Herren und Knechte leben und können die Hoffnung auf Freiheit, Gleichheit und Brüderlichkeit endgültig begraben.

An der Tatsache, dass die moderne Wirtschaft immer weniger Menschen braucht, führt kein Weg vorbei. Was wird aus dem nicht mehr benötigten Rest? Solange Arbeit im Zentrum unseres gesellschaftlichen und individuellen Lebens steht, gibt es nur die Wahl zwischen Horrorszenarien. Solange wir Arbeit als Wert an sich sehen, werden wir uns immer absurdere Lösungen ausdenken, uns Arbeit zu erhalten. In unserem Arbeitswahn werden wir auf ewig versuchen, den Lauf der Geschichte aufzuhalten, Arbeitshelden von trauriger Gestalt, moderne Don Quijotes in ihrem Kampf gegen Windmühlen. Und je mehr wir uns abkämpfen und abzappeln, umso weniger werden wir innehalten können, um nach dem Sinn und Ziel zu fragen. Wozu brauchen wir Arbeit, wenn die Arbeit uns nicht braucht?

Kapitel 7

Weniger arbeiten, mehr leben

Die Stimme der Träume · Geld ist Zeit · Wie viel Auto braucht der Mensch? · Der ewige Mangel: Gibt es kein Genug? · Die Diktatur der Fixkosten · Anders arbeiten oder Die Kunst, nein zu sagen · Oasen im Arbeitstag · Teilzeit · Auszeit · Der goldene Käfig der Unersetzbarkeit · Ja, aber ich muss doch eine Familie ernähren … · Arbeitslos und glücklich? · Die fidelen Rentner: Keine Zeit zu arbeiten · Geld oder Leben? · Das Elend des Erfolgs · Abschied vom Arbeitswahn

»Wann, wenn nicht jetzt?«

Maxie Wander

Es gibt ein Leben jenseits der Arbeit. Die wenigsten von uns werden auf dem Sterbebett bedauern, zu wenig Zeit im Büro verbracht zu haben. Aber haben Sie sich schon einmal ganz bewusst die Frage gestellt: Wie viel Arbeit brauche ich? Welche Rolle soll Arbeit in meinem Leben spielen?

Wenn ja, dürften Sie zu einer Minderheit gehören. Wenn nein, wird Sie dieses Kapitel vielleicht dazu anregen, das Verhältnis zwischen Arbeits- und Lebenszeit neu zu überdenken.

Ein schlechter Ratgeber ist an dieser Stelle die verbreitete Einstellung, dass das Leben nun einmal aus Arbeit bestehe und für die anderen Dinge später, während der Rente, ja immer noch genug Zeit bleiben werde. Wenn Sie Ihr Leben nach dem Motto »Erst die Arbeit, dann das Vergnügen« gestalten, könnte es passieren, dass Sie das Vergnügtsein bis zur Rente verlernt haben. Auch Träume haben ein Verfallsdatum. Was man als 30-Jähriger träumt, lässt sich nicht unbedingt bis ins Rentenalter konservieren, und sei es aus gesundheitlichen Gründen. Sorgen Sie beizeiten dafür, dass nicht zu viele

Rechnungen mit dem Leben unbeglichen bleiben. Jede Zeit bringt ihre eigenen Herausforderungen und Aufgaben mit sich und birgt Chancen in sich, die nur einmal blühen.

Die Stimme der Träume

Einmal gar nichts zu tun haben? – Wie lange ist das her … Dabei gibt es so unendlich vieles, womit man die neu gewonnene Zeit ausfüllen könnte:

Sich ausruhen von den anstrengenden Jahren, eine kreative Pause machen, eine Lebenskrise bewältigen oder neue Pläne schmieden. Vielleicht endlich die Ausbildung beginnen, die man schon immer machen wollte. Einen Berufswechsel planen, um sich nicht mehr am falschen Platz zu fühlen. Etwas Neues lernen, Arabisch oder die Kunst des Bogenschießens.

Im Karneval von Rio mittanzen oder in einen Mönchsorden in Ratzeburg eintreten. Einen Sommer als Sennerin in den Schweizer Alpen schwitzen. Sich Wind, Sand und Sternen in der Wüste ausliefern. Ferne Welten entdecken oder die nahen, altbekannten: die Menschen, die uns jeden Tag begegnen, die Kinder, die neben uns groß werden.

Zu Hause bleiben und nur das tun, was man selbst möchte. Eine neue Mitte im Alltag finden. Die Briefe schreiben, die man schon lange schreiben wollte, oder den Garten kultivieren.

Etwas tun, das sich nicht rechnet, dafür sinnvoll ist.

Alten Idealen nachgehen, für eine wichtige Sache einstehen, als Freiwilliger an einem entfernten Krisenherd helfen oder in der heimischen Bürgerinitiative mitarbeiten. Etwas aus bloßer Begeisterung, Zuneigung oder Barmherzigkeit unternehmen.

Oder etwas ganz Unerhörtes tun: gar nichts planen, einfach so ausbrechen und aufbrechen, ungebucht und unreserviert. Alle Sicherheiten hinter sich lassen, die bisher Schutz gaben, Schutz vor allem Möglichen, vielleicht sogar vor neuem Glück.

In unseren Träumen sitzen wir meist nicht am Arbeitsplatz. Wie jedoch lassen sich die Träume umsetzen? Eingespannt in Zwänge und Automatismen, haben wir Zuflucht zu allerlei Routinen und Bequemlichkeiten genommen. Und bevor man sich versieht, ist man so geworden, wie man eigentlich nie werden wollte – gefangen im ewig gleichen Alltagstrott, ein Arbeitstier.

Die Miete, die Familie, die hohen Steuern – es gibt tausend Gründe, warum man so weitermacht wie bisher. Aber in selbstkritischen Momenten kommt die Erkenntnis, dass das Leben nicht nur von Sachzwängen, sondern auch von eigenen Entscheidungen und Prioritätensetzungen regiert wird. Allzu oft sind es die selbst errichteten Hürden, an denen wir scheitern: das übergroße Sicherheitsbedürfnis, die Trägheit oder schlichtweg der Horror vacui, die Angst, ohne die Arbeit nicht leben zu können. Was kommt, wenn einmal das altbekannte, sichere Terrain des Eingespanntseins hinter uns liegt?

Die Möglichkeiten, sich der Beherrschung durch die Arbeit zu entziehen, sind vielfältig. Und man muss nicht einmal unbedingt ganz aussteigen, um dem ganz normalen Wahnsinn eines von Stress und Hektik geprägten Alltags zu entfliehen. Auch weniger drastische Arbeitsbeschneidungsmaßnahmen können verhindern, dass »das immer größer werdende Knäuel aus heruntergeschluckten Träumen, verwegenen Ideen und verborgenen Sehnsüchten«[1] eines Tages unentwirrbar ist.

»Ja, aber …«, werden Sie jetzt vielleicht sagen … »Es ist ja schön zu träumen, aber mein Job ist so verantwortungsvoll, dass ich nicht mit meiner Energie sparen kann.« Oder: »Wenn ich ein Jahr pausiere, verliere ich den Anschluss.« Oder: »Ich habe eine Familie zu ernähren und muss den Kindern das Studium bezahlen.« – Und überhaupt: »Das ist vielleicht etwas für Millionäre.«

In der Tat: Nicht jeder kann seine Arbeit einfach an den Nagel hängen. Wer im Supermarkt hinter der Kasse sitzt, braucht schlichtweg das Geld und hat kaum Spielraum, weniger zu arbeiten. Wer in einer Mietskaserne wohnt, für den besteht das Reich der Freiheit zuallererst in einem Reihenhaus. Es ist immer noch ein Privileg, seine Träume zu verwirklichen.

Andererseits: Arbeiten nicht gerade diejenigen am besessensten, die sich das Nichtstun am ehesten leisten könnten – so auch ein Großteil der Millionäre? In den meisten Firmen trifft man auf dasselbe Phänomen: Während sich die unteren Etagen mit 37 Stunden die Woche zufrieden geben, kommen die oberen Chargen schnell auf 70 bis 80 Stunden. Am heftigsten grassiert der Arbeitswahn unter den Großverdienern. Wie viel Arbeit der Mensch braucht, ist beileibe nicht nur eine Frage nach der materiellen Bedürftigkeit.

Geld ist Zeit

Die Deutschen haben inzwischen ein Vermögen von unvorstellbaren 15 Billionen[2], oder fünfzehntausend Milliarden, Mark angehäuft. Allein der in frei verfügbarem Geldvermögen angelegte Anteil liegt bei etwa sechs Billionen Mark und wächst jährlich um gut sieben Prozent – viel Geld, aus dem noch mehr Geld gemacht werden kann.

– Oder auch Zeit. Warum entscheidet man sich nicht anstatt für mehr Konsum für weniger Arbeit und damit für ein zeitreicheres Leben? Das Vermögen, das in den nächsten zehn Jahren vererbt wird – ungefähr fünf Billionen Mark –, ist nicht nur ein Riesenhaufen Geld, sondern auch viel Zeit, nämlich annähernd 150 Milliarden Stunden geronnene Arbeit, und entspricht damit mehr als der in drei Jahren geleisteten Gesamtarbeitszeit aller Deutschen. Während um 1990 jährlich 100 Milliarden vererbt wurden, nähert sich dieser Betrag heute schon dem Vierfachen.[3] Im Grunde halten wir es nicht anders als unsere Väter und Großväter: Wir sparen bis ins Unendliche, damit unsere Kinder und Enkel es einmal besser haben.

Aber könnten wir Zeiterben nicht einfach beginnen, unser Erbe neu zu nutzen? *Time is money* einmal umgekehrt: Geld ist Zeit. Zeit, die wir uns schenken können, anstatt uns in einer ungeliebten Arbeit zu versklaven. Wer verpflichtet uns, das Erbe zu vermehren, anstatt es dafür einzusetzen, unsere Träume zu verwirklichen?

Wie viel Auto braucht der Mensch?

Auch das Geld, das wir nicht verbrauchen, ist Zeit. Wenn jemand viel Geld besitzt, kann er problemlos einen neuen BMW gegenüber einem gebrauchten Passat bevorzugen. Wenn Sie jedoch knapp bei Kasse sind, hat der BMW den empfindlichen Nachteil, dass Sie sich für ihn eventuell jahrelang abrackern müssen. Nach einer Studie des Deutschen Instituts für Wirtschaft (DIW) werden derzeit in Deutschland jedes Jahr 280 Milliarden Mark für das Auto ausgegeben, fast so viel wie für Nahrungs- und Genussmittel, Tendenz: von Jahr zu Jahr steigend.[4] Auch hier lässt sich das Gedankenspiel mit dem Zeitäquivalent treiben: Gäben sich die Deutschen mit einem etwas bescheideneren Fuhrpark zufrieden, wie er etwa den Franzosen als zumutbar erscheint, hätten sie an die drei Milliarden Stunden an Freizeit gewonnen – immerhin 1,5 Millionen Arbeitsjahre oder für jeden Berufstätigen 2,5 Wochen mehr Urlaub im Jahr. In unseren Autos stecken nicht nur PS, sondern auch unsere Zeit. Dasselbe gilt für all die anderen, angeblich unverzichtbaren Zeitfresser: das überdimensional große Haus, die Ferienwohnung, der Kurztrip hierhin und dorthin. Allzu oft rackern wir uns unnötig für Unnötiges ab.

Der ewige Mangel: Gibt es kein Genug?

Dies soll kein moralgetränkter Aufruf zum Konsumverzicht sein. Wem Reisen die Welt bedeutet, soll reisen, so viel er kann. Und wer sein Glück in einem schnellen Auto findet, soll um Himmels willen nicht darauf verzichten. Nicht verzichten sollten wir jedoch auch darauf, Dinge zu hinterfragen, die in unserer Konsumgesellschaft als Selbstverständlichkeiten gelten, beispielsweise, dass Arbeit dazu da ist, uns mit einem Maximum an Gütern zu versorgen, immer so viel, wie das momentane Gehalt gerade zulässt, und dass dieser Verdienst nach Möglichkeit immer weiter gesteigert werden muss, um die Kaufkraft zu erhöhen.

Warum sollten wir aber umgekehrt stattdessen nicht genau so viel oder wenig arbeiten, wie für ein Auskommen nötig ist? Machen Sie sich bewusst, dass Sie alle Güter nicht nur mit Geld, sondern auch mit Ihrer Zeit, Ihrer Freiheit bezahlen. Manche dieser schönen Dinge, mit denen man sich so gern umgibt, sind vielleicht weniger schön, sobald man sich klar macht, wie viele andere Chancen man dafür opfert.

Lebensstandard ist nicht gleich Lebensqualität. Die Glücksforschung jedenfalls hat bisher keinen Hinweis darauf gefunden, dass die Lebenszufriedenheit mit dem Einkommen steigt, wenn die materiellen Grundbedürfnisse einmal abgedeckt sind. Oder ist das in Ihrem Leben anders? War Ihr Leben schlechter, als Sie weniger zur Verfügung hatten? Oder denken Sie, dass Ihre Kinder, die aller Wahrscheinlichkeit nach in Ihrem Alter den dreifachen Konsumstandard erreicht haben werden, deshalb ein glücklicheres Leben führen werden als Sie?

Natürlich hat man mehr Freiheiten, wenn man unbegrenzt viel Geld besitzt. Ohne Geld ist auch Paris kleiner. Aber ohne Zeit kann man sich die Reise von Anfang an sparen. Nicht Geld, sondern Zeit ist unser kostbarstes Gut. Und glücklicherweise sind wir zumindest in dieser Beziehung nicht ärmer als Bill Gates.

Die Diktatur der Fixkosten

Sie werden das vielleicht banal finden – und haben damit absolut Recht. Merkwürdig nur, dass das Banale so gründlich ignoriert wird und viele gut verdienende Menschen unter permanentem Zeitdruck stehen: »Trotz eines relativ hohen Wohlstandsniveaus verhalten sich viele so, als würden sie um das letzte Stück Brot kämpfen müssen. Es gibt nicht wenige, die verdienen im Monat 10 000 Mark und sind in Wirklichkeit arm, weil ihr Haus, ihre Ferienwohnung, ihre diversen Mitgliedschaften in Vereinen, ihre Freizeitausrüstungen, ihr alltäglicher Konsum 10 500 Mark im Monat kosten. Das Eigenheim lässt sich nur abbezahlen, wenn es genug Überstunden gibt. Wir sind zu einem Volk von Fixkosten-Proletariern geworden.«[5]

Mancher Lottomillionär fühlt sich nach kurzer Zeit wieder so arm wie zuvor. Jacqueline Onassis und Elton John wurden von Geldsorgen geplagt und weisen uns damit auf des Pudels Kern: Das Problem ist eben oft nicht, dass man zu wenig hat, sondern dass man zu viel ausgibt. Wer sich nicht einschränken kann, versklavt sich selber. Schon vor über 2000 Jahren schrieb Epikur, dass der Lohn der Selbstgenügsamkeit die Freiheit sei. Er hätte über das Maß an Unfreiheit, das wir mit unserer ganzen Strebsamkeit mittlerweile erreicht haben, wahrscheinlich nur den Kopf geschüttelt.

Anders arbeiten oder Die Kunst, nein zu sagen

Vielleicht geht es Ihnen aber gar nicht darum, weniger zu arbeiten, sondern schlichtweg *anders*. Weniger gestresst, weniger fremdbestimmt, kreativer, kurz – mit mehr Freude. Viele Erfolgsmenschen leiden bei näherem Hinsehen gerade an ihrem Erfolg – ihr Traum vom Aufstieg hat sich zwar erfüllt, aber die Karriereleiter hat nicht nur in eine neue Gehaltsklasse, sondern auch auf ein neues Stress- und Konkurrenzniveau geführt. Mit dem Zuwachs an Macht und Ansehen ist oft der Spaß an der Arbeit vorbei. Und nicht wenige der Erfolgreichen leiden darunter, dass sie schlichtweg nicht mehr hinter ihrer Arbeit stehen können. Manchem hat es jahrelang die Welt bedeutet, möglichst viele Turnschuhe einer bestimmten Marke an den Mann zu bringen, und eines Tages kann er diesem Ziel einfach nichts mehr abgewinnen.

Ihre Zufriedenheit hat auch mit Ihren Vorstellungen vom richtigen Leben, Ihren Idealen zu tun. Wenn sich nun allerdings die beruflichen Ziele nicht (mehr) mit den Idealen vereinbaren lassen? Vielleicht ist es Ihnen Ihre Zufriedenheit wert, sich einen anderen, möglicherweise schlechter bezahlten Job zu suchen, hinter dem Sie aber voll und ganz stehen können?

Natürlich will es der Gründungsmythos der Leistungsgesellschaft, der Erfolg mit Glück, ja mit Seelenheil gleichsetzt, ganz anders. Dieser gebietet, dass Karrierechancen nicht ausgeschlagen werden dürfen und jede Gelegenheit, vorwärts zu kommen, genutzt wird.

Aber überlegen Sie sich gut, ob Sie Ihr Leben nach diesen Spielregeln gestalten wollen. Machen Sie sich nicht zum Opfer des eigenen Erfolgs. Fragen Sie sich, ob Sie jeden Karrieresprung ausführen müssen. Lohnt sich ein Magengeschwür für 1500 Mark Gehaltserhöhung? Wiegt der Zugewinn an Macht den Verlust an Freizeit und Freiheit auf? Ist das berufliche Fortkommen es Ihnen wert, sich ständig profilieren zu müssen, sich zu verbiegen? Kann Erfolg ein Ersatz für das Gefühl sein, sich selbst treu zu bleiben? – Steuern Sie gezielt, selbstbestimmt und selbstbewusst die Position an, die zu Ihnen passt und Sie zufrieden macht. Und dazu gehört auch, einmal nein zu sagen.

Natürlich braucht es Mut und Selbstvertrauen dazu, sich aus freien Stücken von einer drohenden Karriere fern zu halten oder gar freiwillig auf der Karriereleiter wieder eine Stufe nach unten zu klettern. Wie der Verlagsleiter, der beschließt, sich als Lektor wieder ganz auf die kreative Seite des Büchermachens zu konzentrieren, anstatt ein gehetztes Managerleben zu führen, oder der

Anwalt, der trotz finanzieller Einbußen nur noch Mandate annimmt, bei denen er sich für eine gute Sache einsetzen kann, oder der Chefarzt, der Verwaltungskram, Personalquerelen und die Zivilisationskrankheiten seiner verwöhnten Privatpatienten leid ist und in ein Land der Dritten Welt geht, um wirklich gebraucht zu werden.

Karrieremäßige Selbstbeschränkung setzt natürlich die Fähigkeit zur materiellen Selbstbeschränkung voraus. Wenn Sie meinen, jedes Jahr einen höheren Konsumstandard zu benötigen, oder gar wild entschlossen sind, Ihre Nachbarn durch Ihre finanzielle Potenz zu beeindrucken, sind Sie zum Aufstieg verdammt. Wenn in Ihren monatlichen Ausgaben schon zukünftige Gehaltssprünge eingeplant sind, bleiben Ihnen wenig Möglichkeiten, Ihre Karriere unabhängig zu gestalten.

Oasen im Arbeitstag

Sich nicht von der Arbeit überwuchern zu lassen ist im beruflichen Alltag leichter gesagt als getan. Noch kurz vor 18 Uhr klingelt das Telefon, es gibt noch etwas Wichtiges zu erledigen. Der Kunde, der Mandant oder der Chef drängelt. Der Schreibtisch ist längst unter einer Wanderdüne aus Papier und Akten begraben. Das Privatleben? Hat zu warten.

Wer nur das spart, was am Monatsende übrig bleibt, kommt nie zu einem Vermögen. Ein Vermögen kann nur aus dem wachsen, was Sie am Monatsanfang zur

Seite legen. Dasselbe gilt für die Zeit: Wenn Sie das Leben in den Rest hineinzwängen, den die Arbeit übrig lässt, kommen Sie nie dazu. Auf Ihrem Schreibtisch wird immer mehr liegen, als Sie bewältigen können. Gehen Sie deshalb den umgekehrten Weg:

Reservieren Sie in Ihrer Arbeitswoche feste, arbeitsfreie Zeiten. Schaufeln Sie sich frei für die Bereiche Ihres Lebens, die Ihnen wichtig sind. Schlagen Sie Lichtungen in den unaufhaltsam wuchernden Arbeitsdschungel. Geben Sie Ihrem Alltag das Gesicht, das *Sie* ihm geben wollen.

Oft geht es dabei um scheinbar kleine Dinge. Beispielsweise: Betrachten Sie Pünktlichkeit nicht nur bei Arbeitsbeginn als Tugend, sondern auch bei Arbeitsschluss. Oder: Wenn Sie Ihre Kinder auch einmal wach erleben möchten, blockieren Sie sich sofort jeden Donnerstagnachmittag, um die Kleinen vom Kindergarten abzuholen. Oder tragen Sie in Ihren Kalender ein, dass Sie mittwochs ab 17 Uhr nicht mehr zur Verfügung stehen. Sie sind einfach nicht da. Sie haben ein Meeting mit Ihrer Tochter, um ihr eine Gutenachtgeschichte zu erzählen. Oder Sie treffen sich einmal die Woche mit Ihrer Frau zum Mittagessen. Und wenn es zu Ihrer Vorstellung vom guten Leben gehört, ab und zu allein zum Schwimmen zu gehen, gehört das als fixes Date in Ihren Terminkalender, sakrosankt, als wäre es eine Vorstandssitzung.

Priorität hat das, was Ihnen gut tut. Wenn Sie es als wichtig erachten, mit Ihrer Familie etwas zu unternehmen, dann verbieten Sie sich, am Wochenende Arbeit mit nach Hause zu nehmen. Sie erledigen sie ohnehin nicht, leiden dafür aber andauernd unter einem schlechten Gewissen. Wenn Sie sich erholungsbedürftig fühlen, dann nehmen Sie nicht das Handy in den Urlaub mit. Als es noch keine Handys gab, musste sich Ihre Firma auch mit Ihrer Abwesenheit arrangieren.

Teilzeit

Nur fünf Prozent aller Männer arbeiteten 1999 in Teilzeit.[6] Arbeitgeber wollen in der Regel den ganzen Mann, und allem Anschein nach will es ein großer Teil der Männer auch nicht anders. Teilzeitarbeit ist meist Frauenarbeit und häufig Arbeit ohne eine richtige soziale Sicherung. Frauen haben einen allgemein anerkannten Grund, weniger zu arbeiten, da man Ihnen – im Gegensatz zu Männern – familiäre Verpflichtungen zubilligt oder zumindest nachsieht. Ein Universitätsprofessor dagegen, der seine Stelle mit einem Kollegen teilen will, ist ein Unikum. Erst nach jahrelangem Papierkrieg ringt sich die Verwaltung durch, einen solchen Exoten zu akzeptieren.

Wer nicht voll arbeitet, wird nicht für voll genommen. Ein Mitarbeiter, der einen Teil seiner Zeit für sich selbst reklamiert, gilt manchem Arbeitgeber als unsicherer Kantonist. Wer nicht im allgemeinen Gleichschritt des Acht-Stunden-Tages mitmarschiert, macht sich verdächtig, nicht vollständig bei der Sache zu sein. Sie dürfen zwar eine Partei, einen Partner, einen Wohnsitz und ein Auto wählen, aber bei der Wahl Ihrer Arbeitszeit hört Ihre Wahlfreiheit auf: Das Standardmodell heißt 40-Stunden-Woche. Eine Schuhgröße für alle. Und wenn's gut läuft, darf es allenfalls noch ein bisschen mehr sein.

Aber warum sollen wir uns lebenslang demselben Zeitregime unterwerfen? Sollen wir ewig im gleichen Takt leben – wie Maschinen? Natürlich gibt es Zeiten, in denen wir im Beruf ein Projekt verfolgen, das unsere ganze Kraft erfordert, oder auch Abschnitte, in denen wir in erster Linie möglichst viel Geld brauchen. Das Haus muss abbezahlt, die Ausbildung der Kinder finanziert werden.

Aber was ist, wenn sich irgendwann einmal die Prioritäten verschieben sollten, wenn es einem plötzlich wichtig erscheint, mehr Zeit zu Hause zu verbringen oder sich intensiver den eigenen Interessen zu widmen, sobald sich die Geldfrage einmal nicht mehr stellt oder einen größeren Spielraum zulässt. Möglicherweise kommt es Ihnen widernatürlich vor, im Winter noch bei Dunkelheit aus dem Haus zu gehen, oder Sie wollen im Sommer mehr Zeit für den Garten haben ... Es gibt unendlich viele Gründe dafür, aus dem starren Rahmen der Regelarbeitszeit auszubrechen. Warum also muss man sich rechtfertigen, wenn man in diesem Jahr 16 und im nächsten 28 Stunden seiner wöchentlichen Arbeitskraft zu Markte trägt? Warum müssen wir unser Leben an Regeln ausrichten, die von Menschen festgelegt wurden, deren Interessen nicht die unseren sind?

Viele, die gerne in Teilzeit arbeiten würden, fragen ihren Arbeitgeber erst gar nicht danach aus Angst vor Nachteilen. Entscheidend allerdings ist, wenn es um die persönliche Zufriedenheit geht, die eigenen Wünsche selbstbewusst anzumelden. In vielen Firmen hat sich mittlerweile die Erkenntnis durchgesetzt, dass nur zufriedene Angestellte gute Angestellte sind. Verschiedene Studien haben aufgezeigt, dass die Produktivität von Teilzeitkräften höher ist als die von Vollzeitkräften. Das Umdenken wird neuerdings sogar per Gesetz forciert: Seit Januar 2001 hat jeder Angestellte in Firmen mit mehr als 15 Mitarbeitern einen Rechtsanspruch auf Teilzeit, sobald er sechs Monate bei diesem Arbeitgeber beschäftigt ist. Ebenfalls seit Januar 2001 können Eltern gemeinsam Erziehungsurlaub nehmen und haben dabei beide einen Rechtsanspruch auf Teilzeitarbeit.

Auszeit

Die zentrale Etappe des Erwachsenenlebens, das so genannte aktive Leben, dauert durchschnittlich 37,5 Jahre. Vorher geht es vielleicht noch einmal raus in die Welt, mit dem Rucksack nach Kathmandu oder als Au-pair nach Paris. Dann aber ist es höchste Zeit, etwas ›Richtiges‹ zu tun. Längere Pausen vor der Rente kommen dann höchstens noch in Form von Unglücksfällen, etwa einer Krankheit oder Arbeitslosigkeit, daher.

Die Idee, das Arbeitsleben durch so genannte Sabbatjahre regelmäßig zu unterbrechen, geht auf einen Brauch des alten Judentums zurück. Jedes siebte Jahr wurden alle landwirtschaftlichen Aktivitäten eingestellt, um dem Boden und den Menschen Ruhe zu gönnen. Der institutionalisierte Ausstieg auf Zeit ist in den 1960er Jahren in der akademischen Welt Amerikas aufgetaucht und seither zu einer festen Einrichtung geworden, die allerdings außerhalb des angelsächsischen Raumes wenig Interesse findet.

Warum sollen solche Pausen nur Professoren vergönnt sein? Pausen sorgen nicht nur für Erholung, sondern helfen uns dabei, das einengende Raster von Sicherheiten und Selbstverständlichkeiten zu sprengen, um so wieder auf Neues und Unerwartetes stoßen zu können. Nur wer Pausen macht, gewinnt den nötigen Abstand zu seinem Tun. Wie der Künstler vor seinem Werk zurücktritt, um es kritisch beurteilen zu können, müssen wir immer einmal wieder vor unserem Leben zurücktreten, um zu überprüfen, ob die Richtung stimmt, die Mischung der Farben.

»Aber wer kann es sich schon leisten, ein Jahr auszusetzen?«, werden Sie sich jetzt vielleicht fragen. Nun, es muss ja nicht gleich ein ganzes Jahr sein. Manchem ist schon mit einem Monat unbezahltem Urlaub gedient. Außerdem müssen Sabbatjahre nicht teuer sein. So gehören die meisten Aussteiger auf Zeit durchaus nicht zu den Millionenerben oder Großverdienern, sondern sind ganz normale Lehrer, Heilpädagogen, Journalisten oder Krankenschwestern. Ob man sich auf seine Träume einlässt, ist oft weniger eine Frage des Geldes, sondern eher eine des Muts und der persönlichen Erwartungshaltung an das Leben.

Anke Richter gibt in ihrem Buch *Aussteigen auf Zeit*[7] eine Fülle von Tipps, wie sich die finanziellen Belastungen eines Sabbatjahres begrenzen lassen. Wer auf Reisen geht, kann zum Beispiel das Auto abmelden, Versicherungen ruhen lassen, Haus oder Wohnung untervermieten, die Krankenversicherung bis zu zwei Monate lang beitragsfrei weiterführen. Zur Entlastung der Reisekasse kann man im Ausland jobben oder bei Praktika oder freiwilligen Einsätzen zumindest freie Kost und Logie erhalten.

Der goldene Käfig der Unersetzbarkeit

»Aber was soll aus der Firma werden, wenn ich weg bin?« – Wir wollen wirklich keine lieb gewonnenen Illusionen rauben, aber in dem kaltschnäuzigen Spruch der Unternehmensberater »Keiner ist unersetzbar« steckt mehr als ein Funke Wahrheit: Ihre Firma wäre nicht die erste, die ohne einen unersetzbaren Mitarbeiter auskommt.

Viele hält die Befürchtung ab, nach der Rückkehr den Anschluss verloren zu haben: »Ich würde nichts lieber tun, als mal rauszukommen. Aber was stellst du dir vor, wie es für mich aussehen würde, wenn ich dann wieder zurückkomme? In der Forschung bist du nach einem Jahr out«, sagt ein 40-jähriger Inhaber einer C3-Professur auf Lebenszeit.

Die Angst ist durchaus verständlich. Freiheit und Sicherheit schließen sich nun einmal gegenseitig aus. Es gibt aber Tatsachen, die beruhigen. Frauen beispielsweise finden nach der Babypause in aller Regel in die Arbeitswelt zurück. Außerdem: Hat sich wirklich im letzten Jahr so viel Grundlegendes in Ihrem Beruf geändert? Die Erde dreht sich vielleicht doch nicht so schnell, wie Sie befürchten. Und werden Sie denn in zwölf Monaten zu einem anderen Menschen? Verkümmern Ihre Fähigkeiten denn so leicht? In der modernen Berufswelt sind Primärqualifikationen wie Persönlichkeit, Führungsstärke und die Fähigkeit, neues Wissen zu erwerben, wichtiger als der Wissensspeicher, der ohnehin immer schneller veraltet. Verlassen Sie sich mehr auf Ihre Stärken. Wenn Sie heute gut sind, sind Sie es in zwölf Monaten noch immer, eher sogar noch besser, mit neuen Erfahrungen und einem erweiterten Horizont.

Ja, aber ich muss doch eine Familie ernähren …

Die Familie – ein Grund, seine Träume zu begraben? Gibt es Abenteuer nur für Singles? Wenn Sie sich ernsthaft Gedanken machen, werden Sie überrascht sein, was man mit Kindern alles unternehmen kann. Mit den ganz Kleinen sowieso, aber auch mit Schulkindern ist der Abschied auf Zeit kein Hexenwerk – und sei es, dass Sie die Kleinen eine Zeit lang selbst unterrichten müssen.

Bleibt natürlich die Frage, ob der Chef mitmacht.

Beamte oder Angestellte im öffentlichen Dienst haben in vielen Fällen sogar einen Rechtsanspruch auf eine Auszeit. Beim Land oder bei den Kommunen Angestellte dürfen in ihrem ganzen Berufsleben bis zu sechs Jahre pausieren. In vielen Bundesländern gibt es geregelte Sabbatical-Modelle, wie das so genannte Vier-Jahres-Modell, bei dem man drei Jahre lang bei drei Viertel der Bezüge voll arbeitet und danach ein Jahr aussetzt, oder das Sieben-Jahres-Modell, das nach sechs Jahren Arbeit bei einem Sechs-Siebtel-Verdienst ein freies Jahr vorsieht.

In der freien Wirtschaft sind Sie in aller Regel darauf angewiesen, Ihren Chef für Ihre Pläne zu gewinnen. Wichtig ist vor allem, dass Sie Ihre Wünsche rechtzeitig, das heißt mindestens ein Jahr im Voraus, anmelden. Viele Chefs werden sich überzeugen lassen, dass es eigentlich ein Plus für die Firma ist, Sie danach wieder gut gelaunt und erholt an Ihrem Arbeitsplatz anzutreffen. Aussteiger auf Zeit sind keine unzuverlässigen oder faulen Arbeitnehmer. Sie haben einfach mehr Phantasie, Eigeninitiative, Lebenserfahrung und Durchsetzungsvermögen als die große Mehrheit, die brav ihre Arbeitszeit bis zur Rente absitzt.

Arbeitslos und glücklich?

Die Vorstellung, dass sich Pablo Picasso für Teilzeitarbeit oder ein Sabbatical interessiert hätte, wirkt unsinnig, und erst recht komisch kommt uns die Annahme vor, dass ihm jemand nahe gelegt haben könnte, im Alter von 60 Jahren in den wohlverdienten Vorruhestand zu treten. Da ist es schon leichter, sich mit Picassos Malerkollegen Paul Gauguin zu identifizieren, zumindest bevor dieser den Sprung in die Malerei wagte und sich als Bankangestellter über Wasser halten musste. Die Frage, ob es ein glückliches und erfülltes Leben ohne Erwerbsarbeit gibt, wäre für ihn schnell beantwortet gewesen. Wer heutzutage aber diese Frage schlichtweg bejaht, muss mit allgemeiner Entrüstung rechnen.

Falls Sie zu den 4 Millionen Menschen gehören, die derzeit auf der Gehaltsliste des Arbeitsamtes stehen, kennen Sie die Vorbehalte der arbeitenden Bevölkerung sicher zur Genüge. Der stille Vorwurf haftet an Ihnen, dass Sie der Pflicht eines jeden Menschen, durch seine Arbeit zum Wohl der Allgemeinheit beizutragen, nicht nachkommen. Der moralische Druck, der auf Arbeitslosen lastet, verhindert häufig, solche Allgemeinplätze kritisch zu hinterfragen: Macht die Forderung, ein jeder habe seinen Beitrag zu leisten, denn überhaupt noch Sinn in einer Zeit, in der viele Menschen, ob sie nun wollen oder nicht, davon ausgeschlossen sind, ebendiesen Beitrag zu leisten? Ist dem Wohl aller tatsächlich gedient, wenn jemand einen der vielen hoch subventionierten Arbeitsplätze annimmt, für den letztlich die Allgemeinheit aufkommen muss? Liegt es denn wirklich in unserem Interesse, dass durch Arbeit immer mehr Überflüssiges, ja sogar Schädliches produziert wird? Man könnte sogar noch weiter gehen: Wäre es unter den gegebenen Umständen nicht im Gegenteil angemessener, allen, die bereit sind, ohne Arbeit auszukommen, eine Prämie zu zahlen, ähnlich den Flächenstilllegungsprämien in der Landwirtschaft? So wie der Landwirt dafür bezahlt wird, im Interesse der Allgemeinheit den Markt zu entlasten, denjenigen zu belohnen, der den Arbeitsmarkt entlastet? Was ist gegen einen Menschen einzuwenden, der zur Lösung des Arbeitslosenproblems insofern beiträgt, als ihm persönlich die Arbeitslosigkeit kein Problem darstellt? Lassen Sie sich nicht in die Defensive drängen. Es ist schwer genug, mit weniger Geld auszukommen, da müssen Sie nicht auch noch Asche auf dem Haupt tragen.

Zumindest in Sachen Selbstbewusstsein können die *Glücklichen Arbeitslosen* ihren ›Leidensgenossen‹ als Vorbild dienen. Diese Berliner Arbeitsloseninitiative setzt in ihrem Gründungsmanifest dem allgemeinen Lamento über die zunehmende Arbeitslosigkeit ein erleichtertes »endlich habe ich Zeit« entgegen. »Was passiert, wenn ein Konzern ankündigt, dass er soundso viele Arbeitsplätze vernichtet? Alle Börsenspekulanten loben seine Sanierungsstrategie, die Aktien steigen, und bald darauf wird die Bilanz die entsprechenden Gewinne ausweisen. Auf diese Weise schaffen die Arbeitslosen mehr Profit als ihre Exkollegen … Der glückliche Arbeitslose ist der Meinung, dass er für seine Nichtarbeit entlohnt werden muss. Wenn der Arbeitslose unglücklich ist, so liegt das nicht daran, dass er keine Arbeit hat, sondern daran, dass er kein Geld hat. Wenn der Arbeitslose unglücklich ist, dann liegt es auch daran, dass der einzige gesellschaftliche Wert, den er kennt, die Arbeit ist. Er hat nichts mehr zu tun, er langweilt sich. Der Grund dieser existenziellen Misere ist natürlich die Arbeit und nicht die Arbeitslosigkeit.«[8]

Neben einem gesunden Selbstvertrauen ist in aller Regel erst einmal eine Menge Geduld nötig, bis man als Arbeitsloser zu einer Identität ohne seinen Beruf gefunden hat. Viele gelangen recht bald zu der Erkenntnis, dass sie die Fähigkeit eingebüßt haben, ohne Arbeit zu leben, und dass es echte Arbeit ist, sich diese Fähigkeit zum Leben wieder anzueignen. – »Man muss erst mal leben, um gerne zu leben.«[9]

Wer Arbeit los ist, kann über die Gestaltung seines Lebens neu nachdenken. Sie wären nicht der Erste, dem im Rückblick auf die Berufstätigkeit jene klammheimlichen Gedanken durch den Kopf gehen, wie sie der Schriftsteller Ernst Petz einem Arbeitslosen in den Mund legt: »So ein Spaß war das Arbeiten bei dem Idioten doch gar nicht …«[10] Und wenn Sie sich Spaß auch ohne Arbeit vorstellen können, sprechen Ihnen die *Glücklichen Arbeitslosen* sicher aus dem Herzen: »Immerhin verfügen alle Arbeitslosen über eine preiswerte Sache: Zeit. Das könnte ein historisches Glück sein, die Möglichkeit, ein vernünftiges, sinn- und freudvolles Leben zu führen, eröffnen. Man kann unser Ziel als eine Zurückeroberung der Zeit kennzeichnen. Dabei ist der glückliche Arbeitslose ein aktiver Mensch. Gerade deshalb hat er keine Zeit zu arbeiten.«[11]

Die fidelen Rentner: Keine Zeit zu arbeiten

Vielen Rentnern scheint es nicht viel anders zu gehen als den *Glücklichen Arbeitslosen*. Etwas weniger provozierend zwar, aber nicht weniger überzeugend belegen die immer zahlreicher werdenden Früh- und Jungrentner, dass es Zufriedenheit auch ohne Arbeit gibt. Das durchschnittliche Renteneintrittsalter ist in den letzten Jahren auf 57 Jahre gesunken. Damit sind die Jungrentner nur wenig älter als die Mitglieder des Bundeskabinetts und haben statistisch noch eine Lebenszeit vor sich, die einem 18-Jährigen zu Zeiten Mozarts entspricht.

In Umfragen berichtet ein Großteil der Rentner, dass sie schon nach kurzer Zeit die Arbeit nicht mehr vermisst hätten, und das, obwohl nicht wenige vor dem Abschied vom Berufsleben noch in der Furcht leben, ohne ihre berufliche Aufgabe aus der Welt zu fallen – eine Panik, die immer häufiger noch dadurch verstärkt wird, dass viele der jüngeren Rentner unfreiwillig und manchmal unter demütigenden Umständen aus dem Berufsleben ausscheiden und ein entsprechend verletztes Selbstwertgefühl haben.

Rückblickend stellt sich nur allzu oft heraus, dass das, was einem über Jahre und Jahrzehnte die Welt war, eine kleine Welt war. Dass es sehr wohl die Lebensqualität verbessert, wenn man den Wecker nicht mehr stellen muss, um zu einer Arbeit zu gehen, wo man vielleicht längst nicht mehr willkommen ist. Wenn Sie also gerade darüber nachdenken, ob Sie das Angebot Ihres Arbeitgebers annehmen und in Frührente gehen, Sie aber

Angst vor der Leere danach haben: Geben Sie Ihrem Herzen einen Stoß. Nutzen Sie die Erfahrungen vieler anderer Jungrentner, die heute glücklicher sind als in den Zeiten ihres Angestelltendaseins. 95 Prozent der Rentner jedenfalls zieht es nicht mehr an ihren alten Arbeitsplatz zurück. Und über zwei Drittel der Frührentner erklären, dass sie an einer Wiederaufnahme der Berufstätigkeit grundsätzlich nicht mehr interessiert sind.[12] Wem die Arbeit als unabdingbar für das Leben gilt, dem müsste dieser Befund zu denken geben.

Geld oder Leben?

Um die Rente geht es auch in der folgenden Zen-Geschichte. Sie erzählt von einem Mann, der von Räubern mit den Worten »Geld oder Leben« überfallen wird und ihnen antwortet: »Nehmt mein Leben, mein Geld brauche ich für mein Alter!« Mancher Arbeitswahnsinnige verhält sich nicht viel anders: Die Lebenszeit wird so lange gegen Geld verkauft, bis sie vorüber ist. Aber wer sich für alle finanziellen Eventualitäten rüsten und zur Sicherheit immer noch mehr Geld verdienen will, ist mit Sicherheit tot, bevor er sein Geld wirklich nutzen kann. Ein Verhalten, das zwar nach finanziellen Gesichtspunkten durchaus rational ist, kann – auf das gesamte Leben bezogen – vollkommen irrational sein.

Für kaum einen von uns liegt das höchste Lebensziel darin, möglichst viele materielle Güter anzuhäufen. Aber die Frage nach unseren Lebenszielen ist doch vertrackter, als es auf den ersten Blick erscheint. In allen Wohlstandsstaaten rangieren zwar in Umfragen die materiellen Ziele (»Mein Haus, mein Auto, meine Yacht!«) weit abgeschlagen hinter Wünschen wie: zwischenmenschliche Beziehungen pflegen, ein seelisch und geistig erfülltes Leben führen. Und trotzdem dreht sich das konkrete Leben der meisten Leute eben doch um jene Äußerlichkeiten: die materiellen Dinge, das Ansehen, den Status – kurz gesagt: die Kulisse des Lebens.

Wenn wir ein neues Auto kaufen, wägen wir sorgfältig die Vor- und Nachteile des jeweiligen Modells ab. Mit den wichtigen Entscheidungen des Lebens gehen wir allerdings meist weniger sorgsam um. Unreflektiert und träge übernehmen wir die Werte unserer arbeitsbesessenen Zeit, die kein Genug kennt, in der alle von Kindesbeinen an auf Leistung und Erfolg konditioniert werden und Müßiggang zu aller Laster Anfang stilisiert wird.

Als erwachsener Mensch haben Sie die Chance, sich von diesen kulturellen Vorurteilen zu distanzieren, Ihre eigenen Werte zu entwickeln. Folgen Sie nicht einer vorgefertigten Vision. Maßgebend ist nur Ihre eigene Vision. – Allerdings: Kennen Sie die? Wissen Sie wirklich, welche anderen Werte außer Erfolg und Ansehen Ihnen wichtig sind? Ohne einen positiven Lebensmotor wird Ihnen die Flucht aus der Welt des Quantitativen, des Alles-haben-Wollens nicht gelingen. Wer sonst kein Leben hat, wird ohne Arbeit kaum glücklich.

Das Elend des Erfolgs

Was ist Erfolg im Beruf ohne Erfolg im privaten Leben? Eine erfolgreiche Karriere und Lebensfreude sind nicht dasselbe. Nur der Garten blüht und gedeiht, der regelmäßig gepflegt wird. Was nicht ab und zu gegossen wird, verdorrt und geht zugrunde. Das gilt nicht nur für die Liebe, sondern für alle Lebensbereiche. Zweigen Sie nicht zu viel Wasser für den beruflichen Erfolg ab, es könnte Sie teuer zu stehen kommen.

Und falls Sie immer noch überzeugt sind, dass Erfolg glücklich macht, schauen Sie sich die allseits bewunderten Erfolgsmenschen einmal genauer an. Nehmen Sie einmal um 18.30 Uhr den Flieger von Hamburg nach München und schauen sich um: traurige, abgekämpfte Gestalten in Grau und Schwarz, hinter Zeitungen, Laptops und Akten verschanzt. Definieren Sie selbst, was für Sie Erfolg bedeutet. Könnte Erfolg nicht schlichtweg darin liegen, »so zu leben, dass man sich rundum wohl fühlt«?[13] Und könnte Erfolg nicht vielleicht sogar heißen, dass man sich nicht von seinem eigenen Erfolgsstreben unter Druck setzen lässt?

Mit dem Abschied vom Arbeitswahn verhält es sich nicht anders als mit anderen Abschieden auch: Er fällt schwer. Obwohl wir auf das Neue vorbereitet sind, klammern wir uns reflexartig an das Altbekannte und Vertraute. Will man jedoch jenes neue, ausgefüllte Leben führen, dabei aber nicht auf seine Karriere, Ansehen, Erfolg und Einkommen verzichten, ist man in der Falle. Denn das Leben ist ein Handel. Das englische

Wort für Kompromiss bringt dies direkt zum Ausdruck: *Trade-off*. Um das eine zu bekommen, muss man etwas anderes hergeben. Wer die Freuden des Single-Lebens genießen will, muss auf Familie verzichten. Wer mehr Freiheit braucht, muss auf Sicherheit verzichten. Wer mehr Zeit will, muss Abstriche beim beruflichen Erfolg machen.

Unterschätzen Sie dabei jedoch nicht die Macht der Gewohnheit. »Wenn ich erst einmal mein Ziel erreicht habe, kann ich immer noch kürzer treten …« Machen Sie sich keine Illusionen. Es ist wie mit dem Kinderkriegen, der geeignete Zeitpunkt existiert nicht. Aber das Leben spielt sich heute ab. Aufgeschobene Träume sind meist aufgehobene Träume. Wichtiges duldet keinen Aufschub.

Abschied vom Arbeitswahn

»Was wäre, wenn das alle so machen würden?«, lautet die Standardfrage des rechtschaffenen Bürgers. Ja, was wäre dann, wenn alle nur so viel arbeiten würden, wie sie nötig haben, um ihre Vorstellungen vom Leben zu realisieren? Wenn ihnen Zeit wichtiger wäre als Geld? Freiheit wichtiger als Status? Lebensfreude wichtiger als Erfolg? Wäre die Welt dann schlechter?

Nun, natürlich gäbe es weiterhin viel zu tun – gerade im sozialen Bereich. Die Frage bliebe bestehen, wie wir mit denen umgehen, die auf Hilfe und Zuwendung angewiesen sind. Aber wir hätten vielleicht eine bessere

Antwort – mehr Zeit, diese Aufgaben auf humanere Weise zu erfüllen, als bisher. Wir müssten sie nicht mehr unbedingt den Profis und den Gesetzen des Marktes überlassen. Wir hätten mehr Zeit für alle unbezahlbaren Aspekte des Lebens, für die Pflege von Beziehungen, für all das, was eine lebendige und menschliche Kultur ausmacht.

Allerdings: Wir wären nicht mehr Exportweltmeister, Brutto-Inlands-Produkt-Weltmeister, Auto-Weltmeister ... Wir würden zwangsläufig weniger ›leisten‹, wenn wir unsere ganze Energie, die jetzt von Karriere, Kommerz und Konkurrenz absorbiert wird, umlenken würden auf die Bereiche, in denen wir primär Mensch und nicht Wirtschaftssubjekt sind. Vielleicht aber würden wir anstelle eines höheren Lebensstandards mehr Lebensqualität gewinnen. Wir müssten aus uns und unserer Umwelt nicht mehr das Letzte herausholen und könnten die Balance besser halten zwischen unseren materiellen Bedürfnissen und unseren nicht-materiellen, den sozialen, seelischen und spirituellen. Wir würden weniger Wirtschaftswunder vollbringen, aber vielleicht dem Wunder des Lebens näher kommen.

Kapitel 8

Privatiers, Dilettanten, Müßiggänger

Der Privatier · Dilettanten und Amateure · Der Spaziergänger · Der Müßiggänger · Das Gewebe der Muße · Wovon lebt der Mensch? · Am Ziel der Reise

»Ich habe keine Zeit zu hetzen.«

H. D. Thoreau

In diesem letzten Kapitel wollen wir Sie auf eine Reise mitnehmen. – In die Vergangenheit? In die Zukunft? In den Cyberspace? Nein, ins Nirgendwo, buchstäblich. Dort werden wir einigen nicht alltäglichen Gestalten begegnen, die auf den einen oder anderen einen eher merkwürdigen Eindruck machen werden, verstaubt und altertümlich, wie sie sind. Man sieht es ihnen an, dass sie schon länger unterwegs sind, Jahrzehnte und Jahrhunderte, und offenbar schon bessere Zeiten gesehen haben. In unsere heutige Zeit jedenfalls scheint diese bunte Gesellschaft nicht mehr zu passen. Keiner von ihnen ist einem der gängigen Berufsbilder zuzuordnen oder kann auf das verweisen, was man heute unter beruflichen Erfolgen versteht. Dem einen oder anderen wäre glatt zuzutrauen, dass er gar nichts tut. Unsere Gestalten sind nicht gerade der Traum eines Personalchefs. Eher verkörpern sie das Gegenbild zum gängigen Anforderungsprofil der Stellenanzeigen, sie sind nicht dynamisch, hoch motiviert und diszipliniert. Nein, hinter diesen Figuren ist kein Headhunter her. Wir haben es mit regelrechten Antihelden zu tun.

Und trotzdem – oder gerade deshalb – wollen wir in diesem Kapitel ein Loblied auf diesen sonderbaren Verein singen, der heutzutage nicht gerade mit Lob überschüttet wird, sondern eher als lästig, faul oder überflüssig, bestenfalls als bemitleidenswert angesehen wird. Seine Mitglieder erwirtschaften keinen übermäßigen ökonomischen Wert und sind daher in gewisser Hinsicht Invaliden, was so viel wie Wertlose bedeutet. Manche unter ihnen sind sogar Verursacher von Kosten und müssen damit rechnen, dass ihnen ihre Existenz als wirtschaftliche Belastung der Gesellschaft vorgerechnet wird. Unter Kosten-Nutzen-Gesichtspunkten sind sie hoffnungslose Fälle, Taugenichtse.

Der Privatier

Gleich zu Beginn unserer Reise treffen wir auf eine Gestalt, die heute kaum noch existiert: den Privatier. Dass der Privatier einstmals ein angesehenes, ja geehrtes Mitglied der Gesellschaft war, lässt sich anhand der Spuren rekonstruieren, die er hinterlassen hat, beispielsweise auf einer Gründungsurkunde der Bibliothek der Universität Tübingen: »Stipendienstiftung, errichtet 1881 von Friedrich Wilhelm Breitling, Privatier in Oberesslingen«.

Erst mit dem Niedergang des Adels geriet der Privatier in Verruf und wurde fortan als Nichtstuer, als Schmarotzer abgetan. Das demokratische 20. Jahrhundert mit seinen Fortschritts-, Volks- und Arbeiterparteien machte ihm dann endgültig den Garaus. So gründlich ist er aus der Mode gekommen, dass heutzutage selbst Millionenerben oder Angehörige steinreicher Adelshäuser, die es nicht nötig hätten, auch nur einen Finger krumm zu machen, sich als Geschäftsleute ausgeben. Wo früher selbstbewusst das Wort *Privatier* auf der Visitenkarte oder dem Grabstein prangte, versteckt man sich heute hinter Tüchtigkeit suggerierenden Etiketten wie *Geschäftsführender Vorstandsdirektor der Stiftung XY*.

Seltsamerweise geht jedoch noch heute ein Zauber von der Gestalt des Privatiers aus, ein ganz besonderer Flair. Vielleicht wirkt sie so faszinierend, weil sie gerade die Eigenschaft verkörpert, die unserer Zeit so offenkundig fehlt – eine Tugend, die Iring Fetscher einmal die »adlig-feudale Fähigkeit zu kultivierter Muße«[1] genannt hat.

Aber – was *ist* eigentlich ein Privatier? Natürlich denkt man beim Wort Privatier zuallererst an das, was er einmal war: den reichen Hochwohlgeborenen, den Edelmann mit Silberstock und Zylinder. Den Millionenerben, der seine Tage bei der Jagd vertändelt.

Wenn wir uns hier für den Privatier stark machen, so meinen wir jedoch gerade diesen Typen *nicht*. Was wir meinen, ist seine moderne Reinkarnation. Unser Privatier definiert sich nicht über seinen Kontostand. Wir können ihn uns sehr wohl ohne dickes Scheckbuch vorstellen, als Sozialhilfeempfänger, Teilzeitjobber oder Arbeitslosen, warum nicht? Was ihn interessant macht, ist nicht seine materielle, sondern seine geistige Unabhängigkeit, die ihm erlaubt, das zu tun, wozu er sich berufen fühlt. Er geht so seinem Beruf im ursprünglichen Wortsinn nach, einem Beruf, der nichts mit einer vorgegebenen Karriere zu tun hat, sondern mit den eigenen Träumen.

Der Privatier muss sich durch keine Position, Profession oder Possession auszeichnen. Er ist das Gegenbild zu der verkrampften Figur des Berufsmenschen, der sein Leben hergibt, um sich einen Platz in der Gesellschaft zu sichern, und dessen Selbstbewusstsein in erster Linie auf seiner Nützlichkeit als Leistungsträger fußt, auf seiner Potenz als Produzent oder Konsument.

Der Privatier dagegen ist ein Mensch, der seine Identität und Rechtfertigung zuallererst aus seinem Mensch-Sein gewinnt und auf dieser Basis das unternimmt, was für ihn wichtig und richtig ist. Wenn er aus Neigung oder Not eine Arbeit hat, bleibt sein eigentliches Sein davon ungerührt. Er lässt sich nicht von seiner Arbeit beherrschen, sondern sieht in ihr ein Werkzeug, mit dem er sich die materielle Basis seines Lebens schafft. Die Arbeit ist ihm Lebensmittel, aber nicht Lebensmittelpunkt.

Dilettanten und Amateure

Spazieren wir weiter, begegnen wir einer Figur, der es nicht viel besser ergangen ist als unserem Privatier: dem Dilettanten. Auch er ist ein Antiheld, vom Berufsmenschen in die Ecke gedrängt und mit Hohn und Spott bedacht. Selbst im Bundestag werden auf seine Kosten Witze gemacht, etwa wenn der damalige Oppositionsabgeordnete Joschka Fischer die Bundesregierung mit dem Schlachtruf »Avanti, dilettanti« verhöhnt.

Der Dilettant ist in vielerlei Hinsicht das Gegenbild zur omnipräsenten Licht- und Leitgestalt unserer Zeit, dem Profi, dessen Maßstab von Effizienz und Perfektion längst nicht mehr nur im beruflichen Bereich gültig ist, sondern uns bis in die Freizeit verfolgt, wenn wir Sport treiben, Musik machen oder am Herd stehen. – Es erscheint selbstverständlich, dass ein mit Vergnügen oder aus Liebhaberei betriebenes Tun professionellem Handeln nicht das Wasser reichen kann.

Der wahre Amateur jedoch lässt sich vom Profi weder bevormunden noch den Spaß verderben, auch wenn er sich in manchen Situationen dessen Hilfe bedient. Er weiß, dass sein Dilettantismus dem Profitum durchaus überlegen sein kann. Wie arm wäre unser Leben, wenn wir alles den Profis überlassen würden? Was alles bliebe an wichtigen Aufgaben unerledigt, wenn sich nicht Dilettanten und Amateure ihrer annehmen würden? Es ist ein trauriger Fortschritt, dass immer mehr Lebensbereiche professionalisiert werden. Was sind Profis bei der Pflege eines kranken oder alten Menschen oder bei der Begleitung eines Jugendlichen in einer psychischen Krise im Vergleich zu amateurhaften – und das heißt wörtlich genommen: liebevollen – Angehörigen? Allenfalls teure Ersatzspieler. Auch zur Führung eines Haushaltes bedürfte es einer ganzen Reihe von Profis, die dazu noch Schwierigkeiten mit der Aufteilung der Zuständigkeiten hätten. Was wäre das Ergebnis? Ein Haushalt, so lebendig wie eine Desinfektionsmittel-Fabrik. Professionell, aber seelenlos. Auch unsere schönsten Landschaften, wie Streuobstwiesen, noch nicht rebflurbereinigte Weinberge, oder auch viele der Traumlandschaften in unseren Urlaubsländern rund ums Mittelmeer werden durch Menschen erhalten, die in ihrem Tun jeglicher ökonomischen Rationalität und modernem Profitum spotten.

Während sich Profis am wohlsten fühlen, wenn sie sich als Spezialisten in immer kleinere Nischen verkriechen können, lässt sich der Dilettant den breiten Zugang zum Leben nicht von Experten versperren, auch wenn der eine oder andere Nagel einmal krumm geschlagen wird.

Der Dilettant erledigt mit Vergnügen so manches für unser Zusammenleben Unentbehrliche, was sich als professionelle Aufgabe schlichtweg nicht rechnet. Nur er denkt mit Lust über den Gartenzaun verschiedener Fachgebiete hinaus und kann dabei neue Ideen entwickeln. Jeder Pionier ist per definitionem Dilettant. Wer hat die bahnbrechenden Erfindungen gemacht? Die Glühbirne? Die Relativitätstheorie? Alles Dilettanten. Wer hat das Internet aufgezogen? Dilettanten.

Ein wunderbares Loblied auf den Dilettantismus hat Egon Friedell in der Einleitung zu seiner äußerst lesenswerten *Kulturgeschichte der Neuzeit* gesungen: »Was den Dilettantismus anlangt, so muss man sich klar machen, dass allen menschlichen Betätigungen nur so lange eine wirkliche Lebenskraft innewohnt, als sie von

Dilettanten ausgeübt werden. Nur der Dilettant … hat eine wirklich menschliche Beziehung zu seinen Gegenständen, nur beim Dilettanten decken sich Mensch und Beruf; und darum strömt bei ihm der ganze Mensch in seine Tätigkeit und sättigt sie mit seinem ganzen Wesen, während umgekehrt allen Dingen, die berufsmäßig betrieben werden, etwas im üblen Sinne Dilettantisches anhaftet: irgendeine Einseitigkeit, Beschränktheit, Subjektivität, ein zu enger Gesichtswinkel.«[2]

Der Dilettant hat gegenüber dem Profi, der ja schließlich sein Geld verdienen muss, einen unschätzbaren Vorteil: Er kann seine Sache auch wieder bleiben lassen, wenn sie sinnlos geworden ist oder keinen Spaß mehr macht. Nicht jede Idee muss eine Geschäftsidee sein. Er hat deshalb die Freiheit, zu experimentieren, zu versuchen, zu suchen und dabei vom Weg abzukommen, kann seiner Neugier freien Lauf lassen, nach Indien aufbrechen und dabei Amerika entdecken.

In unserer immer komplexeren und schnelleren Welt werden wir bitter nötig haben, was der Dilettant verkörpert: Improvisation. Lebenskünstlertum. Das aus Liebe, mit Freude oder aus Enthusiasmus betriebene Tun, das Tun, in dem wir Mensch sind und nicht nur ein dem unmittelbaren Zweck unterworfenes Zahnrädchen. Der Dilettant erinnert uns daran, dass das Leben armselig ist, wenn wir es ohne Leidenschaft leben. In diesem Sinne: »Avanti, dilettanti!«

Der Spaziergänger

Gehen wir weiter. Wer kommt uns denn da entgegen? Tatsächlich, unser Ebenbild. Ein Spaziergänger. Ein Müßiggänger ganz im eigentlichen Wortsinn: Er ist müßig und geht dabei. Diesem hier sieht man es an, dass er schon ein bisschen länger unterwegs ist als wir. Selbstredend, dass auch er in unserer schnellen Zeit schwer abgehängt wurde, ja buchstäblich unter die Räder gekommen ist.

Zumindest der Spaziergänger der Städte, der sagenumwobene Flaneur, kommt mit Walter Benjamin, Franz Hessel und Robert Walser in der Literatur um 1920 noch einmal zu kurzem Ruhm. Aber im Grunde ist er schon damals überholt: »›Flanieren, das gibt es nicht mehr‹, sagen die Leute, ›das widerspricht dem Rhythmus unserer Zeit.‹«[3] – Heute ist der Flaneur ganz aus unseren Städten verschwunden. An seine Stelle ist der ›Power-Walker‹ getreten, selbstverständlich mit ›Walkman‹ im Ohr, ganz auf die Senkung seiner Blutfette oder seines Körpergewichts konzentriert. Oder der Einkaufsbummelnde, der seinem Müßiggang ein nützliches Ziel gibt.

Spazieren gehen ist uns schlichtweg zu langsam geworden. Da wir ständig ein Ziel vor Augen haben, sind uns Schnellstraßen gerade schnell genug. Wir hüten uns davor, irgendwo zu verweilen. Wenn die Technik es möglich macht, noch schneller von Stuttgart nach Berlin zu kommen, werden wir die gewonnene Zeit nutzen, auch noch in Hamburg etwas zu erledigen, anstatt in Ruhe in Berlin zu bleiben und die gewonnene Zeit zu genießen.

Umwege sind Abwege. Wir könnten uns verlieren in dem grenzenlosen, unbekannten Terrain abseits der großen Straßen, in dem die Zeit so anders fließt, nicht eingedämmt von Termin-, Fahr- oder Stundenplänen, nicht kanalisiert und kontrolliert, vom Sekundenzeiger zerhackt, Minute für Minute der Nutzung zugeteilt – nein, wild, unvorhersehbar, träg mal und dann wieder turbulent, bewegungslos und dann wieder wie wahnsinnig tosend, unberechenbar, ziellos.

Was uns den Spaziergänger so sympathisch macht, ist gerade, dass er kein Ziel verfolgt. Er ist das Sinnbild des Einfach-so. Einfach so durch die Gegend gehen, ohne mehr zu wollen, als sich zu ›ergehen‹, den Augenblick zu genießen, den Verheißungen in der Luft nachzuspüren, empfänglich zu sein für das Leben ringsum. Einer Sehnsucht folgen. Sich treiben lassen. Der Spaziergänger ist das Gegenbild zur Zielgerichtetheit und Ergebnisorientierung, die die Arbeitswelt prägen – vielleicht der Grund, weshalb der Begriff *spazieren gehen* für den Russen synonym mit *nicht arbeiten, freihaben* ist.

Franz Hessel, der große Spaziergänger, hat dies einmal wunderbar beschrieben: »In jedem von uns lebt ein heimlicher Müßiggänger, der seine leidigen Beweggründe bisweilen vergessen und sich grundlos bewegen möchte. Und wenn ihm das glückt, dann wird die Straße, gerade weil er nichts von ihr will als sie anschauen, gerade weil sie ihm nicht dienen muss, besonders liebenswürdig zu ihm sein.« Für den Spaziergänger gibt es keinen Umweg. Es geht nicht darum, Entfernungen zurückzulegen – der Weg ist das Ziel. Wer spazieren geht, spaziert aus Übermut. Wer Strecke machen will, setzt sich ins Auto. Ob sich dabei allerdings auch seine Erfahrenheit vergrößert, sei dahingestellt.[4] Spazieren gehen heißt: im eigenen Tempo gehen, den eigenen Rhythmus finden, innen und außen in Einklang bringen – »Kindertaumel ist in unserem Gehen und das selige Schweben, das wir Gleichgewicht nennen«.

Der Müßiggänger

Und schließlich, fast am Ende unserer Reise, begegnen wir einem ganz schweren Fall: dem Müßiggänger. Wir können auf den ersten Blick nachvollziehen, warum er in unserer fleißigen Welt nicht ankommt. Er hat kein Handy in der Brusttasche, keinen Bleistift hinter dem Ohr, keinen Organizer in der Tasche, keinen Steuerknüppel in der Hand oder eine sonstige, der Steigerung des Wirkungsgrades dienende Gerätschaft, überhaupt erscheint er wenig elektrifiziert, digitalisiert oder motorisiert, allenfalls kann man sich so einen noch auf dem Fahrrad vorstellen. Wie die anderen Figuren wirkt auch er alles andere als professionell. Er strahlt keinen übermäßigen Aktivitätsdrang aus, eher eine selbstvergessene Ruhe. – Nimmt er etwa Drogen? – Nein, er hat Zeit.

Wie der Privatier trägt er ein schweres Erbe mit sich herum. Müßiggang hat den Beigeschmack von Herrschaft und Unterdrückung, seit er einmal das Privileg der feinen Gesellschaft war. Heute ist kein Staat mehr mit ihm zu machen. Muße hat sich längst aus dem Zentrum der Macht davongeschlichen, es ist ihr zu laut und turbulent geworden, wir finden sie heute viel mehr an den Rändern, abseits der schiffbaren Strömung, dort, wo das Wasser in kleinen Buchten spielt. Nicht bei den Krawattenträgern, nein, bei den Taugenichtsen.

Am Müßiggänger scheiden sich die Geister. Wer aus voller Überzeugung und mit Genuss müßig geht, ist in unserer modernen Welt eine Provokation. Müßiggang ist eine Sünde geworden. Nur tätige, aktive Menschen kommen in den Himmel.

Zeit zu haben ist geradezu ein Stigma. Wie man in Amerika in den Ruch mangelnder Kreditwürdigkeit kommt, wenn man mit Bargeld zahlt, setzt sich der Nicht-Gehetzte dem Verdacht aus, nichts Richtiges zu tun zu haben. Einfach so aus dem Fenster zu schauen, vor 40 Jahren noch die liebste Freizeitbeschäftigung der Deutschen, hat heute den Hauch des Asozialen – man lässt sich hängen, anstatt ›guten‹ Freizeitbeschäftigungen nachzugehen, im Fitnessstudio zu ackern, einen Kurs zu machen, an sich zu arbeiten. Dem menschlichen Hang und Drang zur Bequemlichkeit und zum Nichtstun traut sich guten Gewissens nur nachzugeben, wer sich dies durch Tätigsein verdient hat. Die Grenze zwischen sündigem und akzeptiertem Müßiggang ist tarifvertraglich geregelt und verläuft heute bei 30 Tagen im Jahr. Mehr ist nicht drin.

Dass diese eingefleischte Dienstfertigkeit nicht zu allen Zeiten das Maß aller Dinge war, haben wir bereits beschrieben. Für ganze Menschheitsepochen war das eigentliche Lebensziel der Müßiggang, Arbeit dagegen nichts weiter als reine Notwendigkeit. Schlegel bringt diese Lebenseinstellung in seinem schönen Satz über Herkules auf den Punkt: »Er hat auch gearbeitet und viel grimmige Untiere erwürgt, aber das Ziel seiner Laufbahn war doch immer ein edler Müßiggang, und darum ist er auch in den Olymp gekommen.«

Auch wenn wir nicht alle in den Olymp kommen können – das griechische Modell könnte sich für uns als gesundes Vorbild erweisen. Zielstrebigkeit, Tatkraft und Schnelligkeit haben wir genug, mit grimmigen Untieren kommen wir zurecht, und das ist gut und richtig so. Nur fehlt uns der Gegenpol: die Fähigkeit zu Ruhe, Muße und Spiel. Was wir lernen müssen, ist schnell *und* langsam sein zu können. Über das ganze Farbspektrum des Seins zu verfügen, die ganze Weite des Lebens. Den knallroten Adrenalinexzess und die magische blaue Stunde. Ersetzen wir die einseitig auf Zweck und Nutzen ausgerichtete Monokultur durch Vielfalt, eine freundlichere Landschaft, in der wir mit Vergnügen – diletto! – leben können, als ganze Menschen. Tatmenschen, wo Taten notwendig sind. Und Taugenichtse, wo unsere Seele Raum und Frieden braucht.

Das Gewebe der Muße

Spätestens an diesem Punkt unserer Reise tut sich natürlich die Frage auf: Was ist Muße eigentlich? Das Gegenteil von Tätigsein? Ist man untätig, wenn man ein Buch liest? Wenn man nachdenkt? – »Niemals ist man tätiger, als wenn man dem äußeren Anschein nach nichts tut«, zitiert Hannah Arendt am Ende ihres Buches *Vita Activa* den römischen Schriftsteller Cato. Muße scheint ein ganz besonderer Stoff zu sein.

Sie ist Kontemplation, das ungeteilte Sich-Vertiefen, der Zugang zu den ewigen Wahrheiten, Gebet und Meditation, Sammlung und Einkehr, Schweigen und Empfänglichkeit. Die Zeit, in der wir das tun, was uns wertvoll ist, am Herzen liegt.

Aber auch das einfache Nichtstun. Das Leben im Hier und Jetzt. Das *dolce far niente*, die satte Trägheit, ja Faulheit, die Siesta unter kühlem weißem Laken. Die verdöste Stunde, das Treibenlassen der Gedanken, Musik und Träumerei, die Poesie des Augenblicks.

Süße, göttliche Aufhebung der Zeit, teuflisch schwierig, eine echte Kunst, denn Faulheit verpflichtet, verpflichtet dazu, eigene Wege zu gehen – denn wo ist das haltende Raster, wenn die Gitter der Zeit aufgehoben sind? Wohin soll man gehen in der Wildnis der Zeit, die grenzenlos, ausufernd, überbordend ist, straßenlos und gefährlich, unkartiert und dunkel, wechselhaft und unberechenbar, keinem Zweck verpflichtet und deshalb herrenlos. Ungezügelt bis zur Ungehörigkeit. Offen für Exzess, Spiel und Rausch: Der volle

Krug auf dem Tisch, das haltlos besoffene Gekicher auf dem Heimweg, das ganze Überflüssig-Unnötige, das dem Leben dieses wunderbare Schillern gibt.

Muße ist Loslassen. Sich überlassen. Sich wegtreiben lassen in die uhrlose Kinderzeit, in der es nur diesen, diesen einen Augenblick gibt, von der Welt entrückt und doch mit ihr eins, zeitvergessen, selbstvergessen, berührbar.

Muße ist die verlorene Dimension unseres Daseins. Ein Teil unserer Ganzheit, versunken und vergessen wie die verfallene Windmühle auf einer kleinen Insel. Unerlöst wie die Gestalten, denen wir auf dieser unserer Reise begegnet sind, zum Umherirren im Nirgendwo verdammt, solange wir sie nicht aufnehmen können als einen Teil unserer selbst.

Wovon lebt der Mensch?

Bevor wir ans Ende kommen, haben wir noch einen Einwand zu entkräften, und zwar den, der unseren Helden am meisten zusetzt: dass sie nutzlos seien, eben Taugenichtse. Oder, um es in den Worten derer auszudrücken, die diesen Vorwurf oftmals erheben: »Von nix kommt nix, die sollen erst einmal arbeiten gehen und wir würden noch heute auf den Bäumen sitzen ...« Etcetera.

Es ist das tausendfache Credo unserer Zeit: Arbeit sei die Grundlage aller menschlichen Zivilisation. Recht habe, wer sich nützlich macht, die Wirtschaft voranbringt, den Lebensstandard hebt.

Doch wo wären wir, wenn all die Denker, Mönche, Dichter, Grübler, Priester, Narren, Künstler, die über die Jahrzehnte und Jahrhunderte ihre müßigen Spinnereien gelebt haben, einer sinnvollen Arbeit nachgegangen wären? Was wäre aus unserer Kultur geworden ohne die Taugenichtse? – Gut, wir hätten heute noch mehr, noch komfortablere und billigere Autos oder Waschmaschinen, mehr Fernsehsender, vielleicht ewige Jugend dank Gentherapie, vielleicht wären wir mit einer Kolonie auf dem Mars vertreten? Aber hat das mit dem Sinn unseres Daseins zu tun? Ist das Kultur? Ist das das Ziel unseres Menschseins? Macht uns das glücklich? Wovon würden wir leben, die wir eben nicht nur vom Brot allein satt werden?

Nicht vom Müßiggang ist unsere Kultur bedroht, sondern von einem Zuviel an Fleiß. Nicht an Tatmenschen fehlt es uns, sondern an Menschen, die müßig gehen können und aus dieser Ruhe das erschaffen, wovon wir alle – auch die Tatmenschen – leben, vielleicht ohne es zu wissen. Ohne die Taugenichtse aller Art wären wir geliefert. Wir würden zugrunde gehen an einem Mangel an Träumen und Bildern. Warum also müssen sich unsere Helden dauernd rechtfertigen? Warum eigentlich soll ein in Hast und Stress verbrachtes Leben besser sein als ein müßiges? Ist nicht gerade die Rastlosigkeit eine Form der Trägheit? Was hat Auslastung mit Erfüllung zu tun?

Was soll man unter diesem Blickwinkel von jemandem wie der 26-jährigen Nachwuchs-Controllerin halten, die unter der Überschrift »Gratulation! Wie sind

Sie eigentlich an diesen Traumjob gekommen?« in der Zeitschrift *Freundin* von sich sagt: »Ich habe alle Ferien für Praktika genutzt und stets darauf geachtet, dass keine Lücke in meiner Biographie entsteht. Deshalb vermeide ich auch größere Urlaube«? Müsste sich nicht gerade so jemand rechtfertigen, für unfreundlichen Umgang mit sich selber? Friedrich Nietzsche, der »letzte Grieche«, hat heute noch Recht: »Alle Menschen zerfallen, wie zu allen Zeiten so auch jetzt noch, in Sklaven und Freie; denn wer von seinem Tag nicht zwei Drittel für sich hat, ist ein Sklave, er sei übrigens, was er wolle: Staatsmann, Kaufmann, Beamter, Gelehrter.«[5]

Drehen wir die Beweislast um. Nicht die Muße muss sich rechtfertigen, sondern der permanente »Gestus des Überholens«[6], die Ellbogenmentalität, das Immer-mehr-haben-und-tun-Müssen, der unbedingte Trieb, jede Minute nutzbar zu machen. Unser von Dienstfertigkeit triefendes Gewissen. Die zum Selbstzweck gewordene Überaktivität, die sogar noch unsere Lebensgrundlagen zu verarbeiten droht.

Am Ziel der Reise

Kommen wir ein letztes Mal auf unsere Taugenichtse zurück. Ist es uns gelungen, sie zu rehabilitieren? Wir denken, dass wir uns guten Gewissens von ihnen verabschieden können. Wo wird ihre Reise hinführen?

Halten wir sie in guter Erinnerung. Sehen wir sie als die Beschützer unserer Träume. Sehen wir sie als die

Bewahrer unseres kulturellen Erbes, das über die Jahrhunderte gerade von Menschen geschaffen wurde, die sich von Zweckdenken und Eilfertigkeit freihalten konnten. Sehen wir unsere Taugenichtse als die Übriggebliebenen an, das Häuflein, das nicht mitziehen wollte auf den Kreuzzug, mit dem unsere Erde bis in die letzten Winkel untertan gemacht wird, vernutzt, vernetzt, verarbeitet, in Aktiva und Passiva verwandelt. Sehen wir sie als die an, die noch da sein werden, wenn der Zug irgendwann wieder nach Hause kommt, krank an Leib und Seele, desillusioniert und kampfesmüde, wenn er festgestellt hat, dass das, wofür man gekämpft hat, es nicht wert war. Sehen wir sie als diejenigen an, die von der Tiefe und Süße des Lebens wissen, wir werden ihren Rat benötigen, wenn wir uns nicht vollends verlieren wollen. Sehen wir sie als einen Teil von uns an, den Teil, der schon viel zu lange unterdrückt und weggeschoben wird.

Und lernen wir von ihnen – die Kunst, weniger zu arbeiten.

Literaturempfehlungen

»Wer keine guten Bücher liest, ist gegenüber demjenigen, der sie nicht lesen kann, nicht im Vorteil.«

Mark Twain

Lesern, die sich intensiver mit den verschiedenen Aspekten des Themas Arbeit beschäftigen möchten, können wir die folgenden Bücher empfehlen. Wenn wir auch durchaus nicht mit jedem Werk inhaltlich übereinstimmen, so handelt es sich doch durchweg um originelle und anregende Beiträge.

Paul Lafargue: Das Recht auf Faulheit, Berlin 1991.

Diese wohl berühmteste Polemik gegen die Arbeit ist heute noch genauso erfrischend wie bei ihrem Erscheinen 1880.

André Gorz: Kritik der ökonomischen Vernunft – Sinnfragen am Ende der Arbeitsgesellschaft, Berlin 1994, und Arbeit zwischen Misere und Utopie, Frankfurt/Main 2000.

Der französische Philosoph Gorz kann mit Fug und Recht als einer der grundlegendsten politischen Denker zum Thema Arbeit bezeichnet werden.

Jeremy Rifkin: Das Ende der Arbeit und ihre Zukunft, Frankfurt/Main 1995.
In diesem Werk vertritt Rifkin die These, dass uns eine Zukunft ohne Erwerbsarbeit bevorsteht. Dabei begibt sich der Autor allerdings auf eine zum Teil fragwürdige Suche nach einer Ersatzdroge für die verschwundene Arbeit.

Ulrich Beck: Schöne neue Arbeitswelt, Frankfurt/Main 1999.
Mit dem Modell der »Bürgerarbeit« stellt der Soziologe Beck eine Alternative zur derzeitigen Erwerbsarbeit vor, wobei jedoch wie bei Rifkin die Grundannahme »Der Mensch braucht Arbeit« wenig hinterfragt wird.

Johano Strasser: Wenn der Arbeitsgesellschaft die Arbeit ausgeht, Zürich 1999.
Ein kurzer, aber facettenreicher Überblick über den Aufstieg und Zerfall der Arbeitsgesellschaft.

Orio Giarini/Patrick M. Liedtke: Wie wir arbeiten werden, Hamburg 1998.
Dieser »Bericht an den Club of Rome« sei nur demjenigen empfohlen, dem an einem tieferen Einblick in das Horrorkabinett der neoliberalen Arbeitsbeschaffungsmaßnahmen gelegen ist.

Richard Sennett: Der flexible Mensch – Die Kultur des neuen Kapitalismus, Berlin 1998.
Der Soziologe Sennett beschreibt eindrücklich die Nöte der arbeitenden Menschen im Zeitalter der Globalisierung.

Max Weber: Die protestantische Ethik. Eine Aufsatzsammlung, Gütersloh 1991.
Ein Klassiker, in dem die vom Protestantismus geprägte Arbeitsmoral als ideeller Wegbereiter des kapitalistischen Wirtschaftens analysiert wird.

Egon Friedell: Kulturgeschichte der Neuzeit, München 1997.
Weit über unser Thema hinaus eine anregende und – ja, wirklich – kurzweilige Lektüre.

Lothar J. Seiwert: Wenn du es eilig hast, gehe langsam. Das neue Zeitmanagement in einer beschleunigten Welt, Frankfurt/Main 1998.
Von den vielen Ratgebern zum Thema Zeitmanagement für den gestressten Manager einer der besseren.

Anke Richter: Aussteigen auf Zeit – Das Sabbatical-Handbuch, Köln 1999.
Viele nützliche Tipps, dazu appetitanregende Aussteigergeschichten für diejenigen, die sich eine Auszeit gönnen wollen.

Ilse E. Plattner: Sei faul und guter Dinge – Vom Sinn und Unsinn des Erfolgstrebens, München 2000.
Wer immer noch glaubt, dass Erfolg glücklich macht, wird in diesem Ratgeber eines Besseren belehrt.

Karlheinz A. Geißler: Zeit – Verweile doch ..., Freiburg 2000.
Eine Meditation über die Bedeutung der Zeit.

Jay Griffiths: Zeit der Venus – Zurück zu einem Leben ohne Uhr?, Berlin 1999.
Das Thema Zeit durch die Augen einer Frau betrachtet.

Robert Levine: Eine Landkarte der Zeit. Wie Kulturen mit der Zeit umgehen, München 1999.
Ein Wissenschaftler analysiert – in unterhaltsamer Form – das unterschiedliche Zeitgefühl der verschiedenen Kulturen.

Hannah Arendt: Vita Activa oder vom tätigen Leben, München 1981.
Aus philosophischer Sicht wird sehr grundlegend, wenn

auch nicht gerade leicht lesbar, darüber nachgedacht, was wir tun, wenn wir tätig sind.

Klassiker der philosophischen Lebenskunst, München 2000. Seit der Antike haben sich Philosophen mit dem Verhältnis von tätigem und kontemplativem Leben beschäftigt. In diesem Taschenbuch sind Originaltexte u. a. von Platon, Epikur, Seneca, Marc Aurel, Montaigne, Pascal, Schopenhauer, Nietzsche und Adorno zusammengestellt.

Anmerkungen

Zitate aus fremdsprachlichen Titeln wurden von den Autoren übertragen.

Wie viel Arbeit braucht der Mensch? Ein Vorwort

1 Vgl. zum Beispiel das *ZDF*-Politbarometer von August 2000.
2 Diesen Begriff verdanken wir Ulrich Beck aus dem Buch »Die Zukunft von Arbeit und Demokratie«, Ulrich Beck (Hrsg.), Frankfurt 2000, S. 35.

Kapitel 2 · Der Heiligenschein der Arbeit

1 Ulf Fink in H. Hoffmann, D. Kramer (Hrsg.): »Arbeit ohne Sinn? Sinn ohne Arbeit?«, Weinheim 1994.
2 Artikel 23, Absatz 1 der »Allgemeinen Erklärung der Menschenrechte der Vereinten Nationen«.
3 Grundsatzprogramm der SPD, beschlossen am 20. 12. 1989 in Berlin.
4 Gemeinsames Wort der Kirchen »Für eine Zukunft in Solidarität und Gerechtigkeit«, 1997, Absatz 152.

5 Bodo Hombach, damals Kanzleramtsminister, in: *die tageszeitung* vom 16. 7. 1999.
6 Norbert Blüm: »Die Arbeit geht weiter«, München 1983, S. 9.
7 Bericht der *Frankfurter Rundschau* vom 29. 5. 1998.
8 Viviane Forrester: »Der Terror der Ökonomie«, Wien 1997.
9 *Schwäbisches Tagblatt* vom 10. 3. 1998.
10 *Allegra Women & Work* 2/1999, S. 16.
11 Tom Wolfe: »Fegefeuer der Eitelkeiten«, München 1997, S. 660.
12 Nach Joanne B. Ciulla: »The Working Life«, New York 2000, S. 15.
13 Vgl. Mihaly Csikszentmihalyi: »Lebe gut!«, Stuttgart 1999, S. 78.
14 Paul Corrigan: »The Trouble with Unemployment Is That You Never Get a Day Off«, in: Fred Coalter (Hrsg.): »Freedom and Constraint: The Paradoxes of Leisure: Ten Years of the Leisure Studies Association«, New York 1989, zitiert nach J. B. Ciulla, a. a. O.
15 Egon Friedell: »Kulturgeschichte der Neuzeit«, ungekürzte Ausgabe in zwei Bänden, München 1976, S. 851.
16 Robert Levine: »Eine Landkarte der Zeit – Wie Kulturen mit der Zeit umgehen«, München 1999, S. 124.

Kapitel 3 · Die Schattenseiten der Arbeit

1 »Keine Zeit zum Plaudern im Pub«, *Handelsblatt* vom 13. 3. 2000.
2 »Die subjektive Bedeutung der Arbeit als Lebensunterhalt und Lebensqualität bleibt auch in Zukunft erhalten, ja die Sehnsucht nach Sinnerfüllung im Arbeitsleben wird eher größer (1981: 36 %, 1996: 52 %)« schreibt der Freizeitforscher Horst W. Opaschowski in seinem Buch: »Feierabend?«, Opladen 1998, S. 40.

3 Walter Böckmann: »Wer Leistung fordert, muss Sinn bieten«, Düsseldorf 1984.
4 Studie »Young Professionals im Spannungsfeld zwischen Beruf und Privatleben«, *Handelsblatt* »Junge Karriere«, Oktober 1999.
5 Nietzsche: »Menschliches, Allzumenschliches«, München 1999, Bd. 2, S. 623f.
6 Den Begriff »work ethic of fear« verwendet J. B. Ciulla in ihrem Buch »The Working Life«, a. a. O.
7 J. B. Ciulla: »The Working Life«, a. a. O.
8 Lorenz Stucki: »Lob der schöpferischen Faulheit – Chancen und Gefahren der Freizeitgesellschaft in Europa und Amerika«, München 1973.
9 *The Gallup Monthly*, September 1991, zitiert nach André Gorz: »Misères du présent, Richesses du possible«, Paris 1997. Eine neuere deutsche Umfrage kommt zu einem ähnlichen Befund: »Nach einer Umfrage der Zeitschrift Die Woche ist 7 % der Befragten ihre Arbeit das Wichtigste« (zitiert nach *SPIEGEL* 43/2000).
10 Studie »Young Professionals im Spannungsfeld zwischen Beruf und Privatleben«, *Handelsblatt*, Beilage Junge Karriere, Oktober 1999.

Kapitel 5 · Die lange Geschichte der Arbeit und die kurze Geschichte ihrer Verherrlichung

1 Der Begriff kommt bereits im griechischen Schöpfungsmythos vor: »Wegen der menschlichen Hybris machte Zeus dem paradiesischen Zustand in Indien ein Ende und sandte den ›Ponos‹ ins Leben der Menschen« (»Wörterbuch zum Neuen Testament«, W. Bauer [Hrsg.]). In der Bitte des Vaterunsers »Und erlöse uns von dem Bösen« heißt das »Böse« im griechischen Urtext »Ponäros«, das

»Belastende, unfrei Machende«. – Für diesen Hinweis danken wir Jürgen Hudelmayer.

2 Vgl. Duden: »Das Herkunftswörterbuch. Etymologie der deutschen Sprache«, Bibliographisches Institut, Mannheim 1989.

3 Zitiert nach Horst Biczkowski: »Arbeit: gestern – heute – morgen«, Beitrag im Internet, www.uni-ulm.de/LILL/3.0/D/wsd/ARB_BI01.htm, Ulm, 1998

4 Das Lateinische »otium« bedeutet Ruhe, Muße. Ein Wort für Arbeit und Geschäftigkeit gibt es im Lateinischen einfach nicht. Noch heute hat dies seinen Nachhall in der romanischen Sprachwelt: Im Französischen steht das vom lat. Neg-otium (also Nicht-Ruhe) abgeleitete »négoce« für Handel, Geschäft, »négocier« für verhandeln, »négociant« für Kaufmann. Im Spanischen dasselbe Prinzip: »negocio« heißt Geschäft, Laden, Beschäftigung. Im Englischen dagegen wird Tätigkeit positiv ausgedrückt: »busi-ness«. Beim Begriff für Freizeit zeigt sich dasselbe Muster: Im Norden wird sie mit Bezug zur Arbeit definiert: Das englische Wort für Muße, Freizeit ist »leisure« und kommt von lat. »licere« = erlaubt sein (d. h., es ist erlaubt, mit dem Arbeiten aufzuhören).

5 »oikos« (gr.) = Haushalt. Wie André Gorz anmerkt, fanden die wirtschaftlichen Aktivitäten im Rahmen des privaten Haushaltes statt (André Gorz: »Kritik der ökonomischen Vernunft«, Hamburg 1994, S. 30). Die private Sphäre, die »oikonomia«, war somit von den wirtschaftlichen Notwendigkeiten bestimmt, während die öffentliche Sphäre – die der »pólis« – das Reich der Freiheit darstellte. Interessant, wie unsere moderne Vorstellung vom »ungezwungenem« Privatleben hier kopfsteht: gerade das Private bedeutete für den (männlichen) Griechen Zwang, während er im Öffentlichen Freiheit findet. Bei einem Blick ins Kafeneion drängt sich der Eindruck auf, dass sich daran bis heute nichts geändert hat.

6 Epikur: »Briefe an Menoikeus«. Zitiert nach: Olof Gigon (Hrsg.): »Von der Überwindung der Furcht«, München 1991, S. 103 ff.

7 Aristoteles, »Metaphysik« 1253b. Zitiert nach H. König u. a. »Sozialphilosophie der industriellen Arbeit«, Opladen 1990, S 38 ff.

8 Genesis 3,19.

9 Matthäus 6,28 f.

10 Lukas 10,38–42.

11 Zweiter Brief des Paulus an die Thessaloniker, 3,10.

12 Juliet Schor: »The Overworked American«, New York 1992, S. 47.

13 Egon Friedell: »Kulturgeschichte der Neuzeit«, München 1976, S. 87.

14 A. a. O.

15 Da Geld schmutzig war, war einem Christenmenschen konsequenterweise auch das Zinsnehmen, der »Wucher«, verboten und somit vor allem den Juden vorbehalten.

16 Siehe hierzu Max Weber: »Die protestantische Ethik« I, Gütersloh 1991, S. 66.

17 A. a. O., S. 67

18 Zitiert nach www.otium-bremen.de

19 Luther, Predigt 1532. Zitiert nach H. Mosapp: »Dr. Martin Luther und die Reformation«, Tübingen 1927, S. 215.

20 Luther, Predigt am 27.6.1532. In: Martin Luther: »Kritische Weimarer Ausgabe«, Band 29, 1941, S. 442.

21 Unter dem Begriff des Puritanismus fassen wir hier alle diejenigen Strömungen der Reformation zusammen, die sich nicht auf die »orthodoxe« lutherische Tradition berufen und denen eine gewisse asketische Grundeinstellung gemeinsam ist; viele von ihnen gehen auf Calvin zurück. Sie waren (und sind) vor allem außerhalb Deutschlands verbreitet, namentlich in Genf (der Heimat Calvins), Holland, England und Schottland sowie den damaligen amerikanischen Kolonien bzw. den heutigen USA.

22 Der einflussreiche Erbauungsschriftsteller Richard Baxter (1615–1691) wettert beispielsweise gegen die »Zeitverschwendung durch Geselligkeit, müßige Gespräche, Luxus und über das strikte Minimum hinausgehenden Schlaf« und empfiehlt »vegetarische Kost und kalte Bäder gegen die fleischlichen Versuchungen«, zitiert nach P. D. Anthony: »The Ideology of Work«, London 1977, S. 42.

23 Matthäus 19,24

24 Richard Baxter, zitiert nach Max Weber, a. a. O., S. 172.

25 A. a. O. S. 252.

26 A. a. O., S. 40 ff.

27 A. a. O., S. 59.

28 A. a. O., S. 60.

29 Enzyklopädie von Diderot und D'Alembert, zitiert nach W. Asholt/W. Fähnders: »Arbeit und Müßiggang 1789–1912«, Frankfurt 1991, S. 9.

30 »industria« (lat.) = Fleiß, Betriebsamkeit.

31 Der deutsche Industrielle Friedrich Harkort in seinem »Bienenkorb-Brief an die Arbeiterklasse« vom Mai 1849, zitiert nach Anson Rabinbach: »The Human Motor – Energy, Fatigue, and the Origins of Modernity«, New York 1990.

32 Zitiert nach André Gorz: »Kritik der ökonomischen Vernunft«, a. a. O., S. 39.

33 Zitiert nach Paul Lafargue: »Das Recht auf Faulheit«, Berlin 1991, S. 14.

34 Zitiert nach W. Asholt/W. Fähnders (Hrsg.): »Arbeit und Müßiggang 1789–1912«, Frankfurt 1991, S. 70.

35 In »Hygiène philosophique de l'âme«, zitiert nach A. Rabinbach: »The Human Motor«, a. a. O.

36 Truman Capote: Breakfast at Tiffany's, New York 1994 S. 53.

37 Paul Lafargue: »Das Recht auf Faulheit«, Berlin 1991.

38 A. a. O., S. 10–11.

39 A. a. O., S. 25–26.

40 Karl Marx, »Das Kapital«, Bd. III, MEW Band 25, Berlin 1979, S. 828.
41 Karl Marx, »Deutsche Ideologie«, MEW Band 3, Berlin 1979, S. 186.
42 Das Wort von Paulus aus dem Zweiten Thessaloniker-Brief, »Wer nicht arbeiten will, soll auch nicht essen«, wurde in diesem Zusammenhang um das Wort »will« gekürzt. Damit wurde denen, die gar nicht arbeiten können, praktisch ein Lebensrecht abgesprochen.
43 Zitiert nach W. Asholt/W. Fähnders (Hrsg.): »Arbeit und Müßiggang«, a. a. O., S. 10.
44 Zitiert nach Josef Pieper: »Muße und Kult«, in »Kulturphilosophische Schriften«, Berthold Wald (Hrsg.), Hamburg 1999, Band 6, S. 11.
45 *DER SPIEGEL* 19/2000, S. 128.
46 Der Begriff wurde von dem jungen Journalisten Florian Illies geprägt. Vgl. Florian Illies: »Generation Golf. Eine Inspektion«, Berlin 2000.
47 Zitiert nach *Südwestpresse Ulm* vom 24. 4. 1999.
48 *DER SPIEGEL* Nr. 12/1999.
49 Hannah Arendt, »Vita Activa«, München 1981, S. 12 ff.

Kapitel 6 · Das Ende der Arbeitsgesellschaft und ihre wahnsinnige Zukunft

1 Wolfgang Franz in »Handwörterbuch zur Gesellschaft Deutschlands« B. Schäfers und W. Zapf (Hrsg.), Bonn 1998.
2 Diese Zahlen beruhen auf Material aus dem *STERN*, 5/1995, S. 29, und eigenen Berechnungen.
3 Gerhard Bosch, *VDI-Nachrichten* vom 12. 2. 1999, S. 2.
4 Zahlen aus G. Willke: »Die Zukunft unserer Arbeit«, Bonn 1998. Seit 1960 ist die durchschnittliche Arbeitszeit

um zirka 30 Prozent gesunken. Während in diesem Zeitraum die Erwerbstätigkeit, das heißt die Zahl der in einem Arbeitsverhältnis stehenden Personen, zwar um zirka 10 Prozent gestiegen ist, ist das Gesamtvolumen an bezahlter Arbeit weiter zurückgegangen (nämlich um etwa 20 Prozent) (I. Kurz-Scherf in: Th. Geisen, K. Kraus, V. Ziegelmayer (Hrsg.): »Zukunft der Arbeit«, Frankfurt 1998)

5 *Financial Times* »Weekend« vom 31. 3. 2000.

6 Roger Sue: »Temps et Ordre Social«, Paris 1994. Zitiert nach B. Jarrosson, M. Zarka: »De la défaite du travail à la conquête du choix«, Paris 1997, S. 134.

7 Zitiert nach André Gorz: »Und jetzt, wohin?«, Hamburg 1991, S. 68.

8 Hans-Peter Martin/Harald Schumann: »Die Globalisierungsfalle«, Reinbek 1998, S. 14.

9 *Handelsblatt* vom 27. 5. 1999.

10 Zitiert nach H. P. Martin, H. Schumann: »Die Globalisierungsfalle«, a. a. O.

11 Vgl. Jeremy Rifkin: »Das Ende der Arbeit«, Frankfurt 1996, S. 109.

12 *Handelsblatt* vom 17. 10. 2000, S. 28.

13 Zitiert nach B. Jarrosson/M. Zarka: »De la défaite du travail à la conquête du choix«, a. a. O., S. 103.

14 »Die mit einer Tätigkeit verbundene Anerkennung darf nicht mehr allein an einen Erwerbsplatz gebunden sein. Wir hätten rechtzeitig die Bilder von einem lebenswerten Leben revidieren müssen. Stattdessen schleppen wir diese einfältige Verkoppelung von Arbeit, Einkommen und Lebenssinn aus der Geburtsstunde der Industriekultur bis ans Ende dieses Jahrtausends mit.« – so die Literaturprofessorin und Unternehmensberaterin Gertrud Höhler im *FOCUS* vom 22. 1. 1996.

15 *DER SPIEGEL* 33/2000, S. 78.

16 *die tageszeitung* vom 24. 1. 2000.

17 *DER SPIEGEL* 34/2000, S. 90.

18 *DIE ZEIT* 15/1999.

19 Aus dem Gründungsmanifest der Gruppe »Die glücklichen Arbeitslosen«, abgedruckt in: *die tageszeitung* vom 30. 3. 1998.

20 O. Giarini/P. M. Liedtke: »Wie wir arbeiten werden«, Hamburg 1998.

21 Interview mit Meinhard Miegel in *die tageszeitung* vom 24. 10. 1997.

22 Nach J. Schor ist der Stundenlohn eines Amerikaners ohne Hochschulabschluss zwischen 1973 und 1993 von 11,85 Dollar auf 8,64 Dollar gefallen. Vgl. J. Schor: »The Overworked American«, a. a. O. Eine detaillierte Darstellung des Verfalls der Löhne in den USA findet sich in Lester Thurow: »Die Zukunft des Kapitalismus«, Düsseldorf 1998, S. 38 ff.

23 Vgl. *The Economist* vom 29. 1. 2000

24 J. Schor: »The Overworked American«, a. a. O.

Kapitel 7 · Weniger arbeiten, mehr leben

1 Anke Richter: »Aussteigen auf Zeit. Das Sabbatical-Handbuch«, Köln 1999.

2 Vgl. *DER SPIEGEL* 31/1999.

3 Die genannten Zahlen stammen aus Uwe Jean Heuser: »Das Unbehagen im Kapitalismus«, Berlin 2000.

4 *die tageszeitung* vom 2. 3. 2000.

5 Helmut Saiger: »Die Zukunft der Arbeit liegt nicht im Beruf«, München 1998.

6 Statistisches Bundesamt, Mikrozensus 1999.

7 Anke Richter: Aussteigen auf Zeit, a. a. O.

8 Manifest der Glücklichen Arbeitslosen, a. a. O.

9 Heinrich Droege/Ernst Petz (Hrsg.): »Faulheit adelt«, Frankfurt 2000, S. 27.

10 Ernst Petz: »Lohn des Fleißes«, in: H. Droege/E. Petz (Hrsg.): Faulheit adelt, a. a. O.
11 Manifest der Glücklichen Arbeitslosen, a. a. O.
12 In seinem Buch »Leben zwischen Muss und Muße« (Hamburg 1998) berichtet Horst W. Opaschowski über Befragungen von Ruheständlern in den Jahren 1983 und 1997 und beobachtet, wie sehr in dieser Zeit die Distanz der jeweiligen Neuruheständler zur alten Arbeit zugenommen hat. Während private Kontakte zu ehemaligen Kollegen durchaus erhalten bleiben, wird der frühere Arbeitsplatz geradezu zur Tabuzone erklärt. 1983 besuchten noch 24 Prozent der Ruheständler ihre alten Kollegen am Arbeitsplatz. 1997 waren es nur noch 4 Prozent. Dagegen hat in diesem Zeitraum die Zufriedenheit mit der eigenen Ruhestandssituation deutlich zugenommen. Die Aussage »bin zufrieden, fühle mich wohl« empfanden 1983 nur 18 Prozent der Ruheständler als für sich zutreffend, 1997 waren es 42 Prozent.
13 Ilse Plattner: »Sei faul und guter Dinge«, München 2000.

Kapitel 8 · Privatiers, Dilettanten, Müßiggänger

1 Iring Fetscher, zitiert nach: Joseph Tewes (Hrsg.): »Nichts Besseres zu tun«, Oelde 1989, S. 27.
2 Egon Friedell: »Kulturgeschichte der Neuzeit«, a. a. O., S. 48.
3 Franz Hessel: »Ermunterung zum Genuß«, Berlin 1981, S. 54.
4 Ferdinand W. Menne: »Verlangsamung. Ein notwendiges Stichwort«, in Joseph Tewes (Hrsg.): »Nichts Besseres zu tun«, a. a. O., S. 235.
5 Zitiert nach Joseph Tewes (Hrsg.): »Nichts Besseres zu tun«, a. a. O.

6 Konrad Paul Liessmann: »Im Schweiße deines Angesichtes«, in Ulrich Beck (Hrsg.): »Die Zukunft von Arbeit und Demokratie«, Frankfurt 2000.

Danksagung

Ein Buch zu schreiben ist fast so, wie Nachwuchs in der Familie zu bekommen. Natürlich freuen sich alle über das Neue, aber die Nerven der Familienmitglieder werden auch ganz schön strapaziert. Dank also zuallererst unseren Familien – ganz besonders unseren Frauen, Kirsten Bödeker und Christel Braig, die den undankbarsten Job, den das Büchermachen zu bieten hat, auf sich nahmen: unausgegorene Gedanken anzuhören und unfertige Manuskripte zu lesen. Dank aber auch unseren Kindern Katharina, Paul, Veronika, Johanna, Mirjam und Anouk, die ihre Väter immer wieder auf den Boden der Realität zurückgeholt haben, wenn diese zu sehr abzuheben drohten.

Als kritischer Geist hat Herbert Renz-Polster einen ganz besonderen Anteil an diesem Buch.

Unserem Agenten, Michael Meller, sei herzlich gedankt, vor allem für den Hinweis, dass man sich kurz fassen kann, auch wenn man viel zu sagen hat. Dank und Anerkennung gelten auch unserem Lektor, Holger Kuntze, für seine kreative Unterstützung und seinen unerschütterlichen Glauben an dieses Projekt.

Für Rat und Tat, Anregungen und Kritik danken

wir, neben vielen Ungenannten: Maria de Basauri, Tom Böttcher, Irmela Bredt-Thöne, Günther Fetzer, Wolfgang Hermann-Kautter, Henning Hofmann, Gerhard Kölbel, Hank Irwin Kittel, Helmut Mohn, Sotirios Pantelidis, Ursula Real, Ingeborg Rettenmaier-Grein, Arne Schäffler, Bernd Jürgen Warneken, Harry Wassmann, Robert Wedig, Alexis Wolf und Bernd Zacharias.